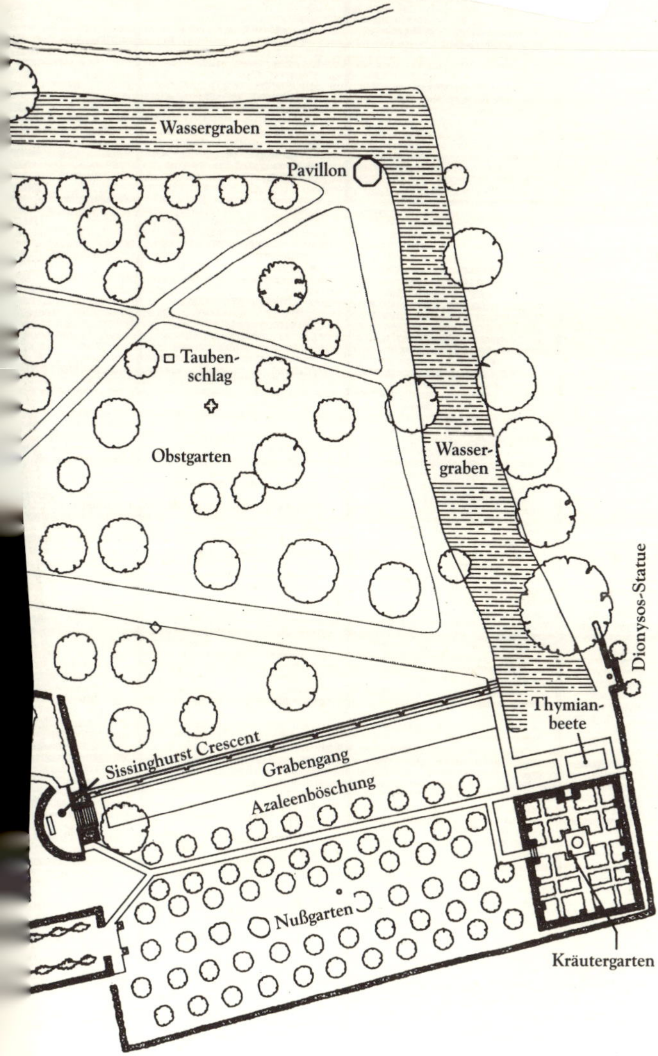

Wassergraben
Pavillon
Tauben-
schlag
Obstgarten
Wasser-
graben
Dionysos-Statue
Thymian-
beete
Sissinghurst Crescent
Grabengang
Azaleenböschung
Nußgarten
Kräutergarten

Vita Sackville-West und Harold Nicolson 1932
auf den Stufen zum Turm.

Vita Sackville-West
Harold Nicolson
Sissinghurst

Portrait eines Gartens

Zusammengestellt
von Julia Bachstein
Aus dem Englischen
von Susanne Lange

Schöffling & Co.

Für Nigel Nicolson

Zweite Auflage 1997

Satz: Reinhard Amann, Aichstetten
Druck & Bindung: Pustet, Regensburg
ISBN 3-89561-557-9

Laßt uns pflanzen und fröhlich sein,
denn im nächsten Herbst
sind wir vielleicht alle ruiniert.
Vita Sackville-West

Wie alles begann

Einmal wurde ich einer deutschen Dame vorgestellt, einer äußerst vielseitig gebildeten Lady, die mir erzählte, einer der größten Unterschiede zwischen Engländern und Deutschen sei, daß wir, im Gegensatz zu unseren deutschen Freunden, uns nichts aus Blumen machten. Bestürzt über diese Bemerkung, fragte ich sie einigermaßen ungehalten, was sie damit meine. Sie antwortete, ihr sei aufgefallen, daß es in London weniger Blumenläden gäbe als in Berlin, und daß man sogar in den teuersten Blumenläden in der Bond Street allenfalls, wie sie es nannte, ›ganz gewöhnliche Feld-Wald-und Wiesenblumen sähe, wie die Leute sie in ihren Gärten anpflanzten‹. Darauf entgegnete ich, man könne ebensogut sagen, eine ganze Nation hasse Tiere, nur weil sie es ablehne, sie im Zoo zu betrachten. Es dauerte eine ganze Weile, bis sie die Zurechtweisung in dieser Analogie begriff.

Ich erzählte diese Geschichte einer anderen, aufgeschlosseneren deutschen Dame, während wir in der Umgebung von Frankfurt am Main mit dem Auto unterwegs waren. ›Dabei ist es so‹, sagte ich, ›daß nirgendwo anders als in England, es Leute schaffen, einen Garten anzulegen, wo niemals vorher einer gewesen war.‹ In diesem Moment tauchte auf der Straßenseite ein großes Gebäude auf, daß wie eine Kaserne aussah. Zu meinem großen Erstaunen sah ich, daß der ganze Platz zwischen der Kaserne und der Straße umgegraben und vollkommen bedeckt mit Goldregen und Löwenmäulchen war. ›Naja, ich weiß nicht‹, sagte sie, ›nehmen sie zum Beispiel diese Kasernen, hier leben einfache deutsche Soldaten ...‹ In diesem Moment passierten wir das Eingangstor, wo wir auf einer weißen Tafel die Aufschrift *British Rhineland Army, Western Depôt, Horne barracks* lesen konnten. Und tatsächlich kam gerade ein kleiner englischer Tommy mit einer roten Gießkanne aus dem Tor. Rasch wandte ich mich ab und wechselte das Thema. Ja, unser trockener Witz und unsere Liebe zu Blumen und Tieren sind wahrscheinlich unsere besten Eigenschaften.«

Als Harold Nicolson am 21. März 1930 diese Geschichte im Rundfunk erzählte, ahnte er nicht, daß er wenige Wochen später in genau dieses Abenteuer verwickelt sein sollte, nämlich einen Garten anzulegen, wo niemals vorher einer gewesen war.

Im Jahr 1915 kauften Vita Sackville-West und ihr Ehemann Harold Nicolson Long Barn, ein heruntergekommenes Cottage aus dem 14. Jahrhundert, in der Nähe von Schloß Knole, dem Stammsitz von Vitas Familie seit dem 15. Jahrhundert. Auf Grund der englischen Erbfolgerechte ging der Besitz nach dem Tod ihres Vaters nicht auf sie, sondern auf den nächsten männlichen Erben über.

Am 10. April 1915 zogen sie mit ihrem einjährigen Sohn Benedict (Ben) in Long Barn ein, und in den folgenden Jahren bauten sie das Gebäude um, legten einen Garten an und schufen sich ein Refugium, das viele Turbulenzen ihrer ungewöhnlichen Ehe überlebte. Ihr zweiter Sohn, Nigel, wurde 1917 geboren, und im gleichen Jahr erschien Vita Sackville-Wests erster Gedichtband, dem eine Reihe von Romanen und Biographien folgten.

Anfang 1930, als Vita Sackville-West gerade ihren autobiographischen Roman *Schloß Chevron* abgeschlossen hatte, erfuhren sie, daß ein an Long Barn grenzendes Gehöft an Geflügelzüchter verkauft werden sollte. Unschlüssig überlegten sie, ob sie das Angebot überbieten sollten oder ob nicht der Moment gekommen sei, Long Barn zu verkaufen und etwas Neues zu suchen. Harold Nicolson war der Meinung, sie hätten die Möglichkeiten, die Haus und Garten boten, ausgeschöpft. Wenige Wochen später hörten sie, daß zwanzig Meilen östlich von Long Barn, in der Nähe des Ortes Sissinghurst, ein Anwesen zum Verkauf stünde.

Nachdem Vita die Anlage mit ihrem Sohn Nigel besichtigt hatte, schrieb sie in ihr Tagebuch: »Ich bin von Liebe überwältigt.«

Die Nicolsons besaßen wenig Kapital und die Erziehung der beiden Söhne war kostspielig – ob sich die finanzielle Lage durch die Veröffentlichung von *Schloß Chevron* bessern würde, konnten sie nicht wissen. (Es wurde ein Erfolg: bis Ende Juli waren bereits 20000 Exemplare verkauft.) Dazu kam, daß das Schloß nicht viel mehr als eine Ruine war. Es gab keinen einzigen Raum, den man in den Überresten des einstigen Tudor-Herrensitzes aus der Zeit Elisabeth I. hätte beziehen können. Der Garten war so gut wie nicht vorhanden und diente seit langem als Schuttabladeplatz.

Der Schriftsteller Horace Walpole hatte das Schloß Mitte des 18. Jahrhunderts besucht und es als »ein verkommenes Haus und einen zehnmal so heruntergekommenden Garten« bezeichnet. Wenige Jahre später diente es dem Staat als Gefängnis für französische Seeleute im siebenjährigen Krieg. Um 1800 wurde ein großer Teil des Anwesens abgerissen, und für die nächsten sechzig Jahre waren die restlichen Gebäude das Armenhaus der Gemeinde. Seit 1854 wurden die Gebäude als Ställe oder Scheunen benutzt, in manchen waren Notwohnungen für die Landarbeiter untergebracht. Einzig ein hoher rechteckiger, rosafarbener Sandsteinturm, der von zwei achteckigen Türmchen flankiert wurde, ließ ansatzweise erkennen, was mit viel Geld, Zeit und Arbeit aus der Anlage entstehen könnte.

Über zwanzig Jahre später schrieb Vita Sackville-West:

»Die Anlage von Sissinghurst war nicht neu: sie ließ sich zurückverfolgen bis zur Regierungszeit von Heinrich VIII. Das war in vielerlei Hinsicht von Vorteil. Es bedeutete, daß einige der Tudorgebäude den Hintergrund bilden konnten; es bedeutete, daß einige der hohen, rosafarbenen Steinmauern als Gerippe des zu werdenden Gartens erhalten blieben und zwei Läufe eines noch älteren Grabens, mit einem schwarzen Spiegel stillen Wassers, den Abschluß bildeten. Das Land war vor weniger als vierhundert Jahren urbar gemacht worden, und es war kein schlechter Boden, um ihn zu bestellen. Er bestand hauptsächlich aus dem, was die Geologen Tunbridge Wells Sand nannten: eine etwas irreleitende Bezeichnung, denn er war nicht in dem Sinne sandig, sondern enthielt eine Oberschicht aus hinlänglich bröckligem Lehm mit einer Basis von Ton, wie man leicht feststellen konnte, wenn man nur zwei Spatenstiche tief ging.

Dieses waren die Vorteile, die ich nicht heruntermachen möchte. Doch zu meiner Rechtfertigung muß ich die Aufmerksamkeit auch auf die Nachteile lenken. Das allerlästigste waren die wahrhaft entsetzlichen Haufen von Schutt, die zu beseitigen waren, bevor an das Pflanzen von irgend etwas nur gedacht werden konnte. Das Gelände stand zum Verkauf, seit der letzte Besitzer, ein Bauer, gestorben war. Selbstverständlich hat er die Umgebung des alten Schlosses auch nie als einen Garten angesehen, sondern eher als praktischen Entsorgungsplatz für verrostetes Eisen oder als Parzelle für seine Knechte oder als Auslauf für deren Hühner. Die Unmenge alter Bettgestelle, Pflugschare, alter Kohlstrünke, alter, zerfetzter Trockenklosetts, alter Drahtknäuel und die Berge von

Sardinenbüchsen, alles verwoben in einem Wirrwarr von Winden, Brennesseln und Zwergholunder, hätten ausgereicht, jedermann zu entmutigen.

Doch als ich den Ort an einem Frühlingstag des Jahres 1930 zum ersten Mal sah, entflammte er augenblicklich mein Herz und meine Phantasie. Ich habe mich auf den ersten Blick in ihn verliebt. Und ich wußte, was man daraus machen konnte. Es war Dornröschens Garten: aber ein Garten, der nach Befreiung schrie. Und es war leicht vorauszusehen, sogar zu diesem Moment, welchen Kampf es uns kosten würde, ihn zu befreien.«

Harold Nicolson war zunächst zögerlich. Seine Tagebucheintragungen:

»Ben kommt von Eton zurück. Ich nehme ihn zum Lunch ins Savoy mit und anschließend in einen Disraeli-Film. Als wir heimkommen ruft Vita an und sagt, sie habe das ideale Haus gesehen – ein Anwesen in Kent, in der Nähe von Cranbrook, ein Schloß aus dem 16. Jahrhundert.« (4. April 1930)

»Fahre mit Ben nach Staplehurst. Nach einigem Warten holen uns Vita, Niggs (Nigel) und alle Hunde ab. Dann fahren wir nach Sissinghurst Castle. Beim Näher kommen sehen wir die beiden Türme. Vorsichtig machen wir im Matsch die Runde. Mir ist kalt. Ich bin ganz ruhig, aber es gefällt mir.« (5. April 1930)

»Dann fahren Vita und ich zu einem zweiten Besuch nach Sissinghurst. Ich hatte die große Sorge gehabt, daß der Hauptflügel zu schmal zum Ausbauen sei; wir messen aber nach und stellen fest, daß wir fünfeinhalb Meter kriegen. Dann machen wir aufmerksam die Runde durch die Gebäude und gehen schließlich über die Felder an den Bach und um den Wald herum. Plötzlich stoßen wir auf die Nußbaumallee, und damit ist der Fall klar. Von diesem Augenblick an entschließen wir uns zum Kauf. Ein glücklicher Tag.« (6. April 1930)

Wenige Tage später bespricht Vita Sackville-West mit ihrem Anwalt die Finanzierung und ist sicher, daß das Geld aufzubringen ist.

Am 24. April schreibt Harold Nicolson:

»Also, meine Ansicht ist folgende:
a) daß es höchst unklug von uns wäre, Sissinghurst zu kaufen. Wir brauchen 12 000 Pfund dafür, und es wird weitere 15 000 Pfund kosten, um es instand zu setzen. Das heißt, fast 30 000 Pfund, bevor wir irgend etwas damit machen können. Für 30 000 Pfund könnten wir ein wundervolles Haus, komplett mit Park, Garage, Heißwasserversorgung, Zentralheizung, historischer Bedeutung und zwei Torhäusern rechts und links, davon erwerben.
b) daß es sehr klug von uns wäre, Sissinghurst zu kaufen. Durch seine Adern fließt das Blut der Sackville-Dynastie.

Sicher, es kommt aus der weiblichen Linie – aber schließlich sind wir beide Feministen, und Knole ist letztlich auf die gleiche Weise an die Familie gekommen. Für Dich ist es ein alter Familienbesitz: das wiegt Heißwasserversorgung und Zentralheizung auf.
c) Es liegt in Kent. In dem Teil von Kent, den wir lieben. Es ist in sich abgeschlossen. Ich könnte einen Teich anlegen. Die Jungen könnten reiten.
d) Wir mögen es.«

»Nach dem Abendessen ruft Beale [der Makler] an. Er sagt, sie seien mit unserem Preis einverstanden. Ich warte ab, während Vita am Telephon spricht. ›Gut … Ja, gewiß. Aber natürlich!‹ Sie legt auf und sagt: ›Es gehört uns.‹ Wir umarmen uns fest. Dann gehe ich und hole die Pläne und spiele damit.«

12 375 Pfund war der Preis für Schloß Sissinghurst am 6. Mai 1930.

Nigel Nicolson schrieb 1973 in seinem Buch *Portrait einer Ehe*:

»Vielleicht wird eines Tages ein Buch über die Anlage des Gartens von Sissinghurst geschrieben werden, und es könnte durchaus denselben Titel tragen, wie das vorliegende, denn dieser Garten ist das Portrait einer Ehe, Harold machte den Entwurf, Vita pflanzte ihn an.«

Das Gelände, aus dem der Garten werden sollte, war ca. 28 330 m^2) groß, eben und an zwei Seiten von übriggebliebenen Armen des alten Wassergrabens umschlossen. Es gab enttäuschend wenig wertvolle Pflanzen – keine alten Zedern, Maulbeerbäume oder Eiben. Die gesamte Erbschaft an Pflanzen bestand aus einem Hain mit Nußbäumen (Kenter Haselnüsse und Lambertsnüsse), ein paar alten Apfelbäumen und einer Quitte, obwohl sie später noch das Gestrüpp einer alten, seltenen Gallica-Rose fanden, die jetzt »Sissinghurst-Castle« heißt.

Das Gelände war zwar eben, jedoch nicht symmetrisch. »Die Mauern standen ganz und gar nicht im rechten Winkel zueinander; der Hof war nicht rechteckig, sondern sargförmig; der Turm befand sich nicht genau dem Haupteingang gegenüber«, und es gab noch unzählige weitere Tücken, die korrigiert werden mußten.

Ihr Besitz bestand damals aus vier Gebäuden aus herrlichen Backsteinen mit warmem Farbton, Abschnitten eines Wassergrabens, mehreren guten Mauerstücken aus elisabethanischem Zeitalter und den Nußbäumen, die sie sehr schätzten, weil sie in Kent heimisch waren.

Von Anfang an wußten die Nicolsons, was für eine Art Garten sie anlegen wollten, und Harold machte sich an die Ausarbeitung eines umfassenden Plans. Da er als Gärtner inzwischen fünfzehn Jahre Erfahrung hatte, wußte er, daß der Gartenarchitekt »seinen Entwurf genau im Kopf haben muß, bevor er anfängt, zu planieren oder zu pflanzen.« Die Nicolsons wollten einen förmlich angelegten

Garten, mit langen Blickachsen, die auf Brennpunkte zuliefen. Einen Garten von grundsätzlich intimer, romantischer Natur, mit eingefriedeten Bereichen und einer Komponente von Geheimnis und Überraschung; einen durch und durch englischen Garten, der zu Klima und Landschaft paßte. Und sie wollten – vor allem Vita – den Garten mit romantischer Verschwendung bepflanzen. Wenige künstlerische Träume sind wohl je so vollkommen verwirklicht worden.

Dies waren, knapp umrissen, die Grundsätze, und es lohnt sich, sie einzeln näher auszuführen.

Über das *Förmliche* schrieb Harold später[1]: »Die Hauptachse eines Gartens sollte durch geradlinige Perspektiven, durch geschnittene Heckenreihen, die auf Endpunkte in Form von Statuen oder Steinbänken zulaufen, deutlich gemacht, ja unterstrichen werden. Ausgehend von der Hauptachse werden dann kleine, eingefriedete Gärten angelegt.« Oder in Vitas Worten:[2] »Wir waren völlig einer Meinung, was den Gesamtentwurf des Gartens anging: lange Achsengänge von Nord nach Süd

[1] Die Zitate stammen aus Harold Nicolsons Einführung zu *Great Gardens* von Peter Coats, erschienen 1963 sowie aus V. Sackville-Wests Artikel *The Garden at Sissinghurst Castle* aus dem Royal Horticultural Journal, November 1953. Beide sind rückblickend geschrieben, aber das Prinzip war schon 1930 ausgearbeitet worden. Es gab einige Fehler und Änderungen in der Anlage des Gartens, allerdings erstaunlich wenige. Sie gingen ihren Weg auf selbst vorgesteckten Routen.

[2] ibid

und von Ost nach West, in der Regel mit Statuen, Torbögen oder einem Paar von Pappelposten als Endpunkt, verbunden mit der intimen Überraschung kleiner geometrischer Gärten, die davon abgehen, fast wie die Zimmer eines riesigen Hauses von den Hauptkorridoren.«

Über das *Intime* schrieb Harold gewitzt: »Ich gebe zu, daß Versailles, Courances und Villandry erhabene Monumente der Gartenarchitektur darstellen. Doch ist ein Garten zur Freude seines Besitzers da und nicht, um damit groß zu tun. Niemand könnte mit seiner Familie im Rondell von Versailles sitzen, die Sonntagszeitung lesen und chinesischen Tee schlürfen. Niemand, dem Blumen wirklich etwas bedeuten, möchte sie in Mustern angeordnet haben, als wären es Teppiche aus Shiraz oder Isfahan. Die meisten kultivierten Menschen ziehen den Schatten eines lieben, alten Familienbaums dem Prunk eines Rondells vor, das seine Muster unter dem weiten Himmel zur Schau stellt.«[3]

Die Idee der Einfriedungen hat neben dem intimen Charakter einen weiteren Vorzug, denn dadurch lassen sich getrennte Saison-Gärten schaffen, die zu verschiedenen Zeiten ihren Höhepunkt erreichen. Vita schrieb: »Von Anfang an stand für uns fest, daß der Garten mit all seinen Räumen und Unterabteilungen jahreszeitliche Züge tragen sollte; er war groß genug, um Platz dafür zu bieten. Wir konnten einen Frühlingsgarten von März bis Mitte Mai haben, einen Frühsommergarten von Mai bis

[3] ibid

Juli, einen Spätsommergarten von Juli bis August und einen Herbstgarten von September bis Oktober. Der Winter muß sehen, wie er mit ein paar wenigen winterfesten Sträuchern und ein paar frühen Knollen zurechtkommt.«

Hinsichtlich des *englischen Charakters* vertrat Harold die Ansicht: »Unser hervorragendes Klima bedingt unseren Stil – der englische Rasen ist die Grundlage unseres Entwurfs ... Der Gartenarchitekt muß erkennen, daß die Eckpfeiler eines jeden guten, englischen Gartens Wasser, Bäume, Hecken und Rasen sind.« Vita war natürlich hocherfreut, daß Sissinghurst »typisch englisch, typisch für Kent« war, »mit der vielfältigen Aussicht auf Wälder, Kornfelder, Hopfengärten und die North Downs, die spitzen Trockenhäuser und die große Scheune.« Und da Worte sie schon immer fasziniert hatten, übernahm sie regionale Ausdrücke für zwei Bereiche im Garten. Sie entdeckte »mit einem Blitz der Freude«, daß *rondel* das Kenter Wort für den kreisförmigen Boden zum Hopfen trocknen in den Trockenhäusern war, und sie übernahm das Wort für den kreisförmigen Rasen, den sie im Rosengarten angelegt hatten; und sie taufte ihr Nußbaumwäldchen mit dem regionalen Ausdruck *nut-plat*. Dennoch muß darauf hingewiesen werden, daß Sissinghurst Vita, ganz entgegen seines englischen Charakters, auch an ein Herrenhaus in der Normandie erinnerte.

Was die *Fülle* angeht, ist Vita beredter. Sie wollte »ein Gewirr von Rosen und Geißblatt, Feigen und Weinreben.

Es war ein romantischer Ort, und im Rahmen von Harold Nicolsons Strenge mußte er als solcher behandelt werden.« Sie entwarf Pläne für reiche Bepflanzung und dichte Bodenbedeckung, für umrankte Mauern, viele Rosen, viele wilde, viele altmodische Pflanzen. Der ganze Garten sollte mit verschwenderischer Hand eingerichtet werden.

Vitas Freundin Virginia Woolf kannte einen Antiquitätenhändler in London, bei dem Vita einen Eichentisch, einen spanischen Walnußtisch, einen Eichenschrank und zwei Stühle für weniger als fünfzig Pfund kaufte. Der Turm, der noch am ehesten intakt war, sollte als erstes bewohnbar gemacht werden. Im ersten Stock wurde die Wand zu einem der Seitentürme entfernt, und »wir beschlossen, den Kamin quer in die Ecke des Turmzimmers zu bauen«, schrieb sie in ihr Tagebuch, »und den Bogen über dem Eingang zum Türmchen zu erhalten.« Am 22. Juni war es soweit, daß die in London gekauften Möbel ins Turmzimmer gestellt wurden, »und zum ersten Mal in unserer Sissinghurst-Zeit tranken wir unseren Tee an einem Tisch sitzend.« Bei ihrem nächsten Besuch strich Vita den Eckschrank über ihrem Schreibtisch mit grüner Farbe an (so, wie er heute noch zu sehen ist), und sie entschloß sich, diesen Raum zukünftig als ihr Arbeits- und Bibliothekszimmer zu nutzen.

Das fast am Ende des Grundstücks liegende South Cottage wurde zu Vitas und Harolds Schlaf- und Badezimmer umgebaut und enthielt außerdem ein Wohnzimmer für Harold, mit einem angrenzenden Bibliotheksstübchen. Die Söhne Ben und Nigel bekamen das etwas abseits gelegene »Priest's House« (auch Boy's Cottage genannt), in dem auch die Küche eingebaut wurde. Die Jungen hatten zwar ihr eigenes Badezimmer, mußten sich jedoch das Schlafzimmer teilen. Denn wenn jeder seinen eigenen Raum gehabt hätte, könnten Gäste auf die Idee kommen, die Nacht in Sissinghurst zu verbringen, indem man Ben und Nigel vorübergehend in einem Zimmer schlafen ließ. Übernachtungsgäste waren Vita ein Greuel. Ihrem Plan nach sollten alle, warum auch immer, bei gutem und bei schlechtem Wetter, bei Tag oder Nacht, den Garten durchqueren. Und obwohl sie es als wichtig erachteten, daß jeder sein eigenes Wohnzimmer hatte, war an ein gemeinsames Wohnzimmer vorerst nicht gedacht.

Am 16. Oktober übernachtete Vita zum ersten Mal in ihrem Turmzimmer. Zwei Tage später kam Harold aus London dazu:

»Am Nachmittag fuhr ich nach Staplehurst, wo mein Liebling mich abholte. Sie hatte ganz allein zwei Nächte auf Sissinghurst verbracht. Tapfere Frau. Wir haben den Garten am Cottage abgesteckt. Ein wunderschöner Abend. Wir schlafen oben im Turm auf zwei Feldbetten. Wir lesen bei Kerzenschein.«

Wenige Tage später schreibt Vita:

»Mein liebster Schatz,
die Grabenmauer wird einfach prächtig werden. Sie haben sie ein wenig freigelegt, und ich glaube, es gibt keinen Zweifel, daß nicht auch früher dort Wasser war. Wundervolle große Steine sind am Fuße der Pfeiler zum Vorschein gekommen. Die gräßlichen Weißdornsträucher sind weg, und der Blick kann ungehindert schweifen, viel schöner.

Ich habe einen Feigenbaum gepflanzt und ganz viele Rosen. Die Eibenhecke wird wahrscheinlich eingepflanzt werden, wenn Du kommst. Die Eiben sind schon da, und es wird nicht lange dauern, sie in die Erde zu bringen.

Ich sehe massenhaft Mauerfläche für Kletterdinger. Ein paar vorzügliche Sträucher habe ich auch schon bestellt, dazu einen Granatapfelbaum und einen Maulbeerbaum.«

Der grundlegende Plan war folgender: eine Allee sollte zum Schloßtor führen, dann kam man durch den Torbogen in der Vorderfrontreihe von Tudor-Gebäuden hindurch in einen Hof, der ganz vom Turm beherrscht wurde. (Der Torbogen war zugemauert, sollte aber wieder geöffnet werden.) Anschließend trat man durch den Turm in den eigentlichen Garten, in dem es zwei Hauptblickachsen und einige kleinere Nebenblickachsen geben sollte. (Da die Beschreibung einer Gartenanlage ohne Plan nicht verständlich ist, sollte sich der Leser unbedingt die Skizze auf dem Vorsatzblatt anschauen, die den Entwurf verdeutlicht.)

Die erste Blickachse verläuft [ungefähr] von Westen nach Osten, von der Turmtreppe über den Turmrasen (unterer Hof), durch eine Lücke in der Eibenhecke über den Obstgarten und endet bei einer Dionysos-Statue, die jenseits des Wassergrabens steht.

Die zweite Achse verläuft im rechten Winkel dazu. Sie beginnt am Nordende und verläuft von einem Torbogen an der Grenze zwischen Garten und offenem Feld durch das, was jetzt der Weiße Garten ist, unter einem weiteren Bogen hindurch, die sogenannte Bischofspforte[4], über den Turmrasen, durchschneidet das Rondell in der Mitte des Rosengartens und endet bei der Bacchantinnen-Statue am Westende des Lindengangs.

Drei wichtige Achsen sind der Lindengang selbst, der Eibengang, der parallel zur zweiten Blickachse verläuft und der Grabengang, der vom Bauerngarten zum Wassergraben hinabführt und bei derselben Dionysos-Statue endet, die somit zwei Aufgaben erfüllt. Der Grabengang ist eine breite Allee, wo vor Jahrhunderten ein dritter Arm des Wassergrabens war; er wird auf der einen Seite von der Grabenmauer, auf der anderen von einer Azaleenböschung flankiert. Die Azaleenböschung verbirgt geschickt, daß der Nußgarten und die Grabenmauer, die »zum Garten gehörten« und nicht mehr verändert wer-

[4] Eine Tafel dreier griechischer Bischöfe, die die Nicolsons aus Konstantinopel mitgebracht hatten, wurde in die Mauer bei dieser Pforte eingesetzt.

den konnten, nicht parallel zueinander verlaufen. Die Böschung ist nicht rechteckig angelegt, sondern in Form eines langgestreckten Sargs.

Diese Blickachsen bildeten von Anfang an das Gerüst des Gartens. Davon sollten nach Harolds Entwurf viele gekoppelte Einzelgärten abgehen, von denen jeder streng förmlich angelegt sein sollte, mit geraden Wegen, einem interessanten Mittelpunkt, wie z.B. einem Krug oder einer Vase, und vor allem mit geraden, dichten, herrlichen Hecken, die dort als lebende Mauern dienen sollten, wo es keine Mauern aus elisabethanischem Backstein mehr gab. (Es wurden allerdings drei zusätzliche Mauern errichtet, die Gärten abschließen sollten, zu denen Backstein besser als Hecke paßte.) Diese abgegrenzten Bereiche sind heute der Vorhof (oberer Hof), der Turmrasen (unterer Hof), der Weiße Garten (ursprünglich der Rosengarten), der Rosen- und Rondellgarten (ursprünglich der Küchengarten), der Lindengang (auch Frühlingsgarten genannt), der Nußgarten, der Bauerngarten, der Kräutergarten und der Obstgarten. Es gab auch einen weiteren Bereich beim Priest's House der Delos genannt wurde, denn er war mit Hilfe von Steinfragmenten aus ganz Sissinghurst grob stufenförmig angelegt und sah ein wenig wie die Insel Delos aus. Doch nahm dieser Garten nie wirklich »feste Gestalt an« und wurde öfter verändert als die anderen.

Außerhalb des eigentlichen Gartens befinden sich größere, offene Pflanzungen, meist Bäume. Harold plante von Anfang an eine Pappelallee, die zum Eingangstor führt, sowie einen See, der im Wald, am anderen Ende des Gartens, jenseits des Wassergrabens entstehen sollte. Wasserliebende Bäume und Sträucher sollten ihn säumen und eine weitere Pappelallee mit dem Wassergraben verbinden. Die Wiese südlich des Gartens wollte er ebenfalls mit ein paar guten Bäumen bepflanzen.

Harold Nicolson hielt sämtliche Überlegungen schriftlich fest. Die Aufzeichnungen beinhalten eine Zeittafel sowohl für das Haus als auch für den Garten. Seine Notizen zeigen nicht nur, wie dieser spezielle Garten angelegt wurde, sondern wie ein Garten überhaupt angelegt werden *sollte* – zuerst der strukturelle Entwurf, dann Bäume und Hecken, anschließend der Rasen und die kleinere Bepflanzung. Natürlich konnte Vita nicht widerstehen, ein paar kleine Blumen frühzeitig anzupflanzen, aber die waren entbehrlich und mußten wieder herausgerissen werden, wenn sie dem übergeordneten Plan in die Quere kamen.

Die Arbeit mußte schrittweise im Einklang mit den finanziellen Verhältnissen der Nicolsons vor sich gehen, denn sie hatten nicht allzuviel Geld zur Verfügung, bis Vitas Mutter 1936 früh verstarb. In den Anfangsjahren gab es nur zwei Gärtner, einen Mann mit Namen George Hayter und seinen Sohn, aber es gab da noch einen Chauffeur, Jack Cooper, der beim Legen der Wege half. Es schien niemals einen Mangel an Arbeitskräften gegeben zu haben. In den dreißiger Jahren war alles möglich. Als die Nicolsons ihren Wasseranschluß brauchten, kam das

Wasser innerhalb weniger Wochen, und auch die Bauarbeiter und Elektriker waren alle auf Arbeit aus.

Anfang Dezember war das South Cottage soweit hergerichtet, daß die beiden Schlafzimmer und Harolds Wohnzimmer bewohnbar waren. Wie sich das einfache Leben auf dem Lande gestaltete, beschreibt Harold Nicolson in einer seiner Radioplaudereien:

»Man sagt, jeder Mann solle sich ab und zu in seinem Leben mit körperlicher Arbeit befassen. Auch ich habe schon vor längerer Zeit erkannt, daß es eine flotte und muntere Sache sein muß, den Frühstückstisch abzuräumen – bis ich tatsächlich versucht habe, den Frühstückstisch abzuräumen. Wie auch immer: Ich bin inzwischen überzeugt, daß mein Leben an einem Punkt angekommen ist, da es wünschenswert scheint, einmal in der Woche körperliche Arbeit zu leisten. Ich erläuterte mein Vorhaben einer befreundeten Dame. Wir würden ein Cottage in einem abgelegenen Teil des Landes kaufen und an den Wochenenden dort für uns selbst sorgen. – Es ist uns beinahe gelungen.

Bitte stutzen oder erröten Sie nicht, wenn ich die Tatsache erwähne, daß ich mich letzten Sonntag nicht unbegleitet in das Abenteuer des einfachen Lebens warf. Meine Beziehungen zu Edith [Vita] – ich will sie Edith nennen – sind nicht dergestalt, daß Sie die Braue des strengsten Moralisten zu runzeln imstande wären. In ihrer

Gesellschaft also trat ich am letzten Samstagabend ins einfache Leben. Es war ein schöner Abend, so weit man das von einem englischen Abend sagen kann, aber in der vergangenen Woche hatte es durchgehend geregnet. Den Gartenweg hatten die Maler, die freundlicherweise unsere drei Zimmer gestrichen hatten, zu einem Morast zertrampelt. Edith und ich wurden dieses Morasts gewahr, als wir, beladen mit allerlei Paketen, der Tür zuwateten. ›Es ist schlammig‹, sagte sie, ›du solltest lieber deine Schuhe ausziehen, sonst verdreckst du das Wohnzimmer.‹ ›Was, hier?‹ fragte ich. ›Natürlich‹, erwiderte sie ein wenig spitz.

Nun ist es eine kitzelige Angelegenheit, sich die Schuhe auszuziehen, wenn man einen Laib Brot, einen Topf, zwei Siphonflaschen mit Sodawasser und eine Tüte Eier trägt – besonders, wenn man sich nirgendwo hinsetzen kann. Also legte ich die Siphons vorsichtig auf den Gartenweg und das Brot dazu. Dann krümmte ich mich seitwärts und zog meinen rechten Schuh aus. Er war bedeckt mit kentischem Lehm. Edith hatte inzwischen die Tür zu unserem Wohnzimmer aufgeschlosen, und ich hüpfte darauf zu. In einer Socke stand ich auf der Schwelle und zog den anderen Schuh aus. Es war ein sauberer, ökonomischer und zierlicher Akt. ›Zuerst‹, sagte sie mit frischer Pionierinnen-Stimme, ›müssen wir Licht machen.‹ Ich zündete eine Kerze an. ›Also du‹, sagte Edith, ›machst Feuer, und ich gehe rauf und lüfte die Betten.‹ Sie ging nach oben. Ich legte meine dreckigen, meine lehmigen Schuhe neben die Tür und näherte mich dem Kamin. Er war sehr dunkel und sehr kalt. Ich zündete noch ein paar Kerzen an und tastete nach dem Brennholz. Anmachholz war keins da, nur große, nasse Scheite, aber ich fand eine Handvoll Späne, eine alte Ausgabe von *Punch* und ein paar kleine Kartons, in denen einmal Dosen mit Schuhwichse waren. Damit entfachte ich eine helle Flamme. Die großen Scheite, mit dieser, wie ich fürchte nur kurzzeitigen Feuersbrunst konfrontiert, zischten mich leise aus.

Dann entdeckte ich, daß meine Hände mit Lehm beschmiert waren; Ergebnis meines Geschäfts mit den Schuhen. Am Tisch, Kaminsims und auf allen Kerzen hatte ich große Lehm-Fingerabdrücke hinterlassen. Ich wischte reihum die Kerzen sorgfältig ab, ehe Edith sie sehen konnte, und als ich fertig war, war das Feuer ausgegangen.

›Wir werden Wasser brauchen‹, rief sie von oben. ›Nimm den Krug.‹ Ich watschelte wieder in meine Schuhe und ging hinaus in die trübe Nacht. Ich wußte, wo die Pumpe war, da ich sie gesehen hatte, als wir das Cottage kauften. Was ich bis zum nächsten Morgen nicht wußte, war, daß Edith am Mittwoch zuvor hier gewesen war und eine Unmenge von Anemonen in direkter Linie von der Tür zur Pumpe gepflanzt hatte. Noch wußte ich, daß die Pumpe von der saumseligen Sorte war, die fünf Minuten gepumpt werden mußte, ehe sie zu sprudeln begann. ›Die Pumpe ist kaputt‹, schrie ich zu ihrem erleuchteten Fenster hinauf. ›Unsinn‹, erwiderte sie, und ich pumpte weiter. Wie es mit allen Faulpelzen geht: einmal im Gang, steigerte sie sich sofort zur rauschenden Kaskade. Die Niagarafälle erschienen mir dagegen wie ein kraftloses Rinnsal. Der Krug, erschrocken von diesem plötzlichen Ausbruch, zerbrach mir in der Hand.

›Edith‹, rief ich beschwichtigend, ›ich habe den Krug zerbrochen.‹ Sie nahm es mit Fassung. ›Na gut‹, sagte sie, ›nimm den Kessel.‹ Ich platschte zum Haus zurück, Sorge tragend, meine Schuhe auf der Schwelle abzustreifen. Ich fand den Kessel. Ich schlüpfte wieder in meine Schuhe. Ich kehrte zur Pumpe zurück, die inzwischen in ihre frühere Trägheit zurückgefallen war. Nach fünf Minuten Pumpen hatte ich den Kessel gefüllt. Und dann nahm ich es wieder mit dem Feuer auf. Es lagen da ein paar trockene Stöckchen in einer Kiste in der Ecke, die lustig brannten. Sogar die Scheite zeigten sich entgegenkommend. Ich legte nach und legte nach. Edith war verärgert, als sie schließlich herunterkam. Die Stöckchen waren offenbar für die Schildchen gedacht, die sie aus London mitgebracht hatte, um den Lauf – den, ich fürchte, inzwischen ziemlich zerknitterten und zerfledderten Lauf – ihrer Anemonen zu markieren.

Und dann speisten wir. Ich bin kein anspruchsvoller Mensch, aber es gibt Dinge, die ich hasse. Eins ist Suppe aus Würfeln, ein anderes Sardinen, ein drittes Zunge und das vierte Käse-Ecken. Diese vier Dinge waren von Edith sämtlich für mein Abendessen ausgesucht worden. Ich aß sparsam. Danach sagte sie, wir müßten abwaschen und das Frühstück vorbereiten. Ich ging wieder zur Pumpe und holte Wasser. Wir wuschen ab. So sehr ich Sardinen als ganzes verabscheue, so verabscheue ich sie noch mehr in Form von Überresten. Ich finde es überhaupt schwierig, säuberlich abzuwaschen und das beim Licht einer einzigen Kerze. ›Ist das nicht bezaubernd?‹ fragte Edith. Ich bejahte und zerbrach meinen zweiten Teller.

›Das ist es, was ich so mag‹, sagte Edith, als wir zurück ins Wohnzimmer gingen, ›dieses weiche Kerzenlicht, so sanft ...‹ Es war in der Tat so sanft, daß ich nicht lesen konnte, und um 20 nach 9 sagte ich, daß ich zu Bett gehen wollte. Ich war gründlich naß und fror sehr. Als ich halb ausgezogen war, wummerte Edith an meine Tür und rief, daß ich meine Zähne mit Sodawasser putzen müßte. Sie hatte das Brunnenwasser analysieren lassen, und es war voller Keime. Keime waren schlecht für die Zähne, und man bekam Typhus davon; also sollte ich Sodawasser nehmen. Mir fiel ein, daß ich die Siphonflaschen im Garten liegen gelassen hatte. ›Tut mir leid, Edith‹, rief ich. ›Ich habe die Flaschen im Zug vergessen.‹ Sie war nachsichtig, und ich ging mit ungeputzten Zähnen zu Bett. Am nächsten Morgen erwachte ich mit rauhem Hals und einem drängenden Pflichtgefühl.

Ich machte Feuer, ich pumpte die Pumpe, ich fand den Topf, ich setzte die Eier zum Kochen auf. Ich habe keine Ahnung, was ich den Eiern antat, aber sie stellten sich in einer Weise an, wie ich es noch bei keinem Ei erlebt habe. Sie gerieten völlig außer sich. Ein feiner Riß erschien in der Schale und heraus quoll Eiweiß-Ektoplasma wie eine

Kumuluswolke. Dann löste sich die Kaffeekanne in meinen Händen auf. Und wieder war da der Abwasch.

Es war nach dem Mittagsimbiß, als ich demütig, flehentlich vorschlug, ob wir vielleicht nach Hause fahren könnten. Edith war einverstanden. Sie war sogar einverstanden, in der nächsten Woche ein Mädchen aus dem Dorf zu unserer Hilfe herbeizubitten. Wir fuhren schweigend heim. ›Edith‹, sagte ich, ›ich habe so eine Ahnung.‹ ›Was für eine Ahnung?‹ fragte sie. ›Ich habe so eine Ahnung, daß ich nicht zum Ehemann einer Pionierin geboren bin.‹ ›Nein‹, sagte sie, ›das bist du nicht.‹«

Danach übernachteten sie, bis Sissinghurst etwas komfortabler geworden war, im Gasthaus.

Die Besitzer von Schloß Sissinghurst, die noch vor Unterzeichnung des Kaufvertrags die ersten Blumen pflanzten, hatten sich mit viel Enthusiasmus an die Arbeit gemacht: In diesem ersten Jahr beschlossen sie, einen See anzulegen: sie stauten einen Bach auf, fluteten die zwei Sumpfwiesen südlich des Schlosses, und der erste Schritt war getan. Sie entdeckten die unter Schutt versteckte Grabenmauer und legten sie frei. Sie machten Pläne für einen Rasen östlich des Turms, den sie Turmrasen nannten, hoben eine lange Blumenrabatte aus, begannen vertrocknete Hecken herauszureißen, säuberten den Nußgarten. Sie pflanzten Gartennelken, Rosmarin und *Lilium candidum* (weiße Madonnenlilie) und hoben einen Teich, den sie Löwenteich nannten, am Südende des Turmrasens aus, doch dies war eines der wenigen strukturellen Elemente, das sie später wieder verwarfen. Jetzt ist aus ihm ein Senkgarten geworden.

Und der Tagebucheintrag vom 31. Dezember lautet:

»So endet nun das Jahr 1930. Es war ein merkwürdiges Jahr. Wir kaufen Sissinghurst; wir verdienen mit unseren Büchern eine Wahnsinnssumme; wir mehren unseren Ruhm und mindern unseren Ruf; wir bereiten uns auf die Zukunft vor.

Was auch immer geschehen mag, am letzten Tag des Jahres 1930 möchte ich dankbar sein, für das, was ich gehabt habe. Wenige Männer sind vom Schicksal derart verwöhnt worden, wie ich. Aber all das – Geld, Ruhm, Gesundheit – wiegen leicht angesichts meines Familienlebens. Viti, Ben, Nigel, Heim, Sissinghurst, Bücher. Diese, so hoffe ich, werden immer das bleiben, was mir am wichtigsten auf der Welt ist.«

1931

Mitte Februar 1931:

»Am Ende des Schloßgrabens, wo die Kirschbäume wachsen sollen, habe ich 500 Narzissen und Osterglocken gepflanzt. Sechs Wildgänse flogen vorüber. Ein wunderschöner Nachmittag. Pflanzte Rosen und den persischen Pfirsich. Sah eine dicke weiße Eule.« (Vita Sackville-West, Tagebuch)

»Vita zurück von Sissinghurst. Sie sagt, daß Beale [der Pächter des Hofes] diese Woche mit dem Boy's Cottage fertig werden will; außerdem wird er Wasser in die Seen lassen und die Steine aus dem Eingangsbogen herausschlagen. Damit sind wir mit unseren augenblicklichen Arbeiten fertig.« (Harold Nicolson, 16. Februar 1931)

»Ein himmlischer Tag in Sissinghurst. Habe noch mehr Weiden geschlagen. Blumen ausgesät. Viti schneidet Birnbäume aus. Ich lese ihr neues Buch *Erloschenes Feuer*, ein wunderbares Buch.« (Harold Nicolson, 15. März 1931)

»Runter nach Sissinghurst. Überlege Zukunftspläne mit Vita, wir beschließen, daß wir bis zum See hin eine gewaltige Buschgrenze anlegen, mit Hagedorn dahinter. Ein Lindenweg soll oben um den Graben herumführen. Abends zeichne ich Entwürfe für den neuen Flügel. [Die Idee, den Turm mit der Nordwand zu verbinden wurde später wieder fallengelassen.] Unsere Schwierigkeit liegt darin, daß wir kein nachgemachtes Tudor wollen, aber daß alles im Stil des 18. Jahrhunderts neben dem Rest der Gebäude zu protzig aussehen würde.« (Harold Nicolson, 13. Juni 1931)

In ihrem ersten Sissinghurst-Jahr erfand Vita für sich eine Art Gartenanzug, der es mit Nesseln, Dornen, Schmutz, Stacheldraht oder sonstigen Unbilden ebenso aufnehmen konnte, wie er zum Graben und Pflanzen geeignet war. Von da an sah man sie fast ausschließlich in einer Kniebundhose aus Kammgarn, hohen Stiefeln, deren Schaft aus Segeltuch bestand, in dem nach ihrem eigenen Entwurf oben ein Täschchen für eine Gartenschere eingenäht war; über einer Bluse trug sie eine grobe Jacke oder eine Weste und – nicht zu vergessen – ihre Perlenkette und lange Ohrringe.

Zum Ende des Jahres plauderte Harold Nicolson im Funk wieder einmal über die Freuden des Gartenbaus:

»Wenigstens bringt der Oktober etwas mit, auf das sich selbst die Griesgrämigsten unter uns freuen können. Er bringt uns das Blumenzwiebelstecken. Da hocken wir mit diesen harten Packpapiertüten und wühlen im Sägemehl, ob nicht doch noch eine Zwiebel darin versteckt ist, und wenn wir fertig sind, verstreuen wir das Sägemehl in der Hoffnung des Amateurs, daß die Holzpartikel die Erde auflockern werden. Ich gebe zu, daß wir uns mit dieser sorgsamen, oft wiederholten Geste der Illusion hingeben, den Dezember besiegt zu haben, diesen bleiernen, finsteren Monat des Saturn. Denn wir leben, wenn wir unsere Blumenzwiebeln pflanzen, auf eine Renaissance hin. Fest drücken wir die Zwiebeln in ihr Grab hinunter. ›So!‹ sagen wir, ›das nächstemal, wenn wir beide uns wiedersehen, ist es schon fast April.‹

Ich habe zwei Arten des Blumenzwiebelsteckens entwickelt. Da ist einmal die gesetzte Art für die Prunk-Zwiebeln – für Darwin-Tulpen und Lilium Candidum [Madonnenlilie]. Man steckt sie in Reihen. Man ist gesetzt und feierlich, während man so dahinsteckt. Die Schildchen, die man dazusteckt, sind die säuberlichsten ihrer Art. ›Lilium‹, schreibt man, ›Candidum‹. Bittesehr. Man glättet die Erde darüber. Dem Tod wurde getrotzt; der Winter hat seinen Stachel verloren. Mir tun die Leute wirklich leid, die nie erlebt haben, wie verjüngend das Blumenzwiebelstecken im Oktober ist.

Nun zu den kleineren Zwiebeln. Für sie habe ich eine großzügigere, eher verschwenderische Geste. In Katalogen sind diese Zwiebeln unter ›geeignet zur Naturalisierung von Gehölzen‹ aufgelistet. Nun wissen wir nur zu gut, daß niemand, außer den Euphemisten unter uns, die drei wilden Kirschbäume in unserem Besitz ein Gehölz nennen würde. Nur zu gut wissen wir, daß diese Blumenzwiebeln im nächsten Jahr grell prunkend hervorschießen werden, wie der Vordergrund zu Botticellis *Primavera*. Und nur zu gut wissen wir, daß sich im darauffolgenden Jahr eine einzige verängstigte Osterglocke zu Wort melden und ihr Erscheinen umgehend bereuen wird. Dennoch: die Illusion ist beharrlich. Wir betrachten unseren wilden Garten als einen Ort des Wucherns und der Schwelgerei. Und Jahr für Jahr streben wir mit löblichem Beharren danach, diese wilde Fülle zu erschaffen.

Nun ist es aber schwierig, beim Zwiebelstecken die Launen der Natur zu überlisten. Was wir erstreben ist natürlich eine Woge von Osterglocken. Stattdessen sprießen Anfang April ein paar verfrorene Pflanzen hervor, die in einer Warteschlange zu stehen scheinen. Jahrelang habe ich diesen wünschenswerten, zufälligen Effekt, diese Woge studiert. Und dann, eines glücklichen Herbsttages, hat mir eine Frau verraten, wie es geht. Du nimmst deine Packpapiertüte fest in die linke Hand. Du lehnst dich mit dem Rücken fest gegen dein Gehölz, oder, falls du zwei Gehölze besitzen solltest, lehnst du erst gegen das eine und dann gegen das andere. Dann tauchst du die rechte Hand in die Tüte und klaubst eine Handvoll Zwiebeln und Sägemehl zusammen. Sodann wirfst du mit einer unbekümmerten, jugendlichen Geste diese Handvoll aus dem Gehölz. Es hat keinen Zweck, über deinen Wurf ein

Gefühl des Mangels, einen Augenblick des Zögerns, Gewalt gewinnen zu lassen. Verbanne aus deinen Gedanken, daß dich diese Blumenzwiebeln, dieses Sägemehl, 7 Shilling 6 Pence pro Tüte gekostet haben. Stelle dir nur vor, du seist die Königin-Mutter von Rumänien, die Almosen unter einen Haufen transsylvanische Bauern streut. Denke allein daran, daß nur durch diesen großen Schwung der Botticelli-Effekt im kommenden März und April erreicht werden kann. Die Blumenzwiebeln fliegen durch die Luft und gruppieren sich in natürlichen, kleinen Kolonien auf der Erde. Das Sägemehl fliegt durch die Luft und gruppiert sich als kleiner Sägemehlschauer auf der Erde. Das klingt vielleicht ein wenig wie das Bewerfen eines Weihnachtsbaums, aber sei unbesorgt. Du zielst auf den 20. März, nicht auf den 25. Dezember. Nun pflanze die Blumenzwiebeln da, wo sie hingefallen sind. Im nächsten Frühjahr wirst du deine Woge bekommen. Und wenn Du so klug wie zügellos bist, wirst du im nächsten Herbst den ganzen verschwenderischen Vorgang wiederholen.«

Alles in allem hatten sie 1931 sehr viel geschafft: So stellten sie den See fertig, öffneten den zentralen Torbogen am Eingang, legten Steinwege durch den Bauerngarten, zogen Graspfade im Obstgarten, verlegten Soden im Grabengang sowie dem Turmrasen, zogen eine Blickachse zum See, schnitten mehr von den alten, wertlosen Hecken heraus und stutzten den Holunder im Hof. Sie legten eine halbmondförmige Terrasse am östlichen Ende des Bauerngartens an, die sie Sissinghurst Crescent nannten und deren Stufen zum Grabengang hinabführen. Im August steckten sie den Rosengarten ab [jetzt der Weiße Garten], legten im September die Wege an und bepflanzten im November die Beete, vor allem mit Rosensträuchern und hatten damit den ersten der abgegrenzten Gärten fertiggestellt.

Im selben Jahr pflanzten sie einige Hartholzbäume und viele Sträucher ein, außerdem einen Maulbeerbaum, Birken, Pappeln und Trauerweiden am See sowie einige Zierkirschen im Obstgarten. Als kleinere Pflanzen nahmen sie Kamelien, Magnolien, Flieder, Rosen, Schwertlilien, Fuchsien, Lavendel, Abutilon (Schönmalven), viele verschiedene Sträucher, eine Weinrosenhecke, die den Obstgarten vom South Cottage abtrennte, Seerosen im Löwenteich, Narzissen im Obstgarten, Rittersporn und Maiglöckchen. Ein großes Rosenbeet wurde im Garten beim Priest's House ausgehoben.

Zu Jahresende war fast der gesamte Garten von Abfall gesäubert.

1932

Im Lauf des Tages hat Louise [Vitas französische Zofe] die Teppiche ausgebreitet, die Vita aus Streatham [das Haus ihrer Mutter, das sie verkaufen wollte] mitgebracht hat. Sie sind zwar mottenzerfressen, aber großartig. Für unsere Art zu leben, ist das wieder einmal typisch: mit unregelmäßigem Einkommen und unsicheren Zukunftsaussichten, leben wir in einem Durcheinander von Museumsteppichen, zerfallenen Schlössern und Geldmangel. Natürlich wissen wir sehr wohl, daß diese Unsicherheit besser für uns ist, als fade, wagnisfreie Sicherheit. Nach dem Essen haben wir uns mit der Vorderfront von Sissinghurst beschäftigt. Wir haben beschlossen, rechts und links der beiden Giebel Linden zu pflanzen, die den Torbogen einrahmen und sich der Pappelallee quer über die Felder anschließen. Das ist unser Leben. Arbeit, Unsicherheit und große finanzielle Vorhaben. Und, liegen wir falsch? Bei Gott! Wir liegen richtig.« (Harold Nicolson, Tagebuch 6. März 1932)

»Ein schöner Tag. Trocken und warm. Nach Sissinghurst rübergefahren. Die Hayters [die ersten Hilfskräfte im Garten] haben die Gruben für die Linden ausgehoben, die verkümmerten Bäumchen am Ende des Grabengangs gefällt und Vorbereitungen für die Hainbuchenreihe getroffen, die diesem Blick Einheit geben, ihn einrahmen und abrunden soll. Vita und ich messen den Küchengarten aus [der später der Rosengarten wurde], um zu berechnen, wieviel Pfähle nötig sind, um ihn rechtwinklig zu machen. Ich tüftle über das Problem der Blickachsen. Unter teleologischem Gesichtspunkt würde sich anbieten, eine Hauptblickachse beim zentralen Nußgartenweg enden zu lassen, ausgehend von der neuen Küchengartenecke und vorbei am Bauerngarten, perspektivisch weitergedacht zu einem Punkt, der jetzt noch ein Gatter auf dem Feld ist, aber später einmal eine klassische Statue unter Kirschbäumen sein wird. Nur würde sie schräg durch unsere Stechpalmenhecke im kleinen Bauerngarten gehen und im falschen Winkel zum restlichen Entwurf stehen. Das ist der Ärger mit Sissinghurst. Es ist großartig, aber die Winkel stimmen nie.

Solche Gedanken beschäftigen uns beim Unkrautjäten im Ritterspornbeet. Eine bodenständige Beschäftigung mit dem Lohn, daß wir ein oder zwei Rittersporn finden, die zwischen Hahnenfuß hervorsprießen. Es ist schon eigenartig. Ich jäte überhaupt nicht gern. Eine Erkältung bahnt sich an. Ich finde keine Arbeit und bin bis über beide Ohren verschuldet. Ich sehe keinen Ausweg aus unseren finanziellen Problemen. Trotzdem sind Vita und ich allein hier vergnügt wie noch nie. Es ist ein Frühlingstag. Schon eigenartig.« (Harold Nicolson, Tagebuch 20. März 1932)

An die zwei Jahre hatten die Nicolsons teils in Long Barn, teils in Sissinghurst gelebt. Anfang April vermietete Vita Long Barn, so daß die endgültige Übersiedelung nach Sissinghurst (wo inzwischen sogar ein Telephon installiert worden war) stattfand. Nun konnte sich Vita mit ganzer Kraft dem Garten widmen. Rückblickend schrieb sie:

»Ich hätte es niemals alleine fertiggebracht. Zum Glück hatte ich per Heirat den idealen Mitstreiter gefunden. Harold Nicolson muß in einem früheren Leben Gartenarchitekt gewesen sein. Er verfügt über einen angeborenen Sinn für Symmetrie und über ein geniales Talent, einem widerspenstigen Gelände Brennpunkte und lange Blickachsen abzutrotzen, eine Fähigkeit, die mir völlig abging.« (V. Sackville-West: *Journal of the Royal Horticultural Society*, vol. LXXXVIII, November 1953)

Die Tagebuchaufzeichnungen Harold Nicolsons über Sissinghurst im Jahr 1932 sind knapp, zeigen aber den stetigen Fortschritt der Gartenanlage:

»Mit Ben neue Hecken abgesteckt. Ein wunderbarer, warmer Abend. Wir gehen schließlich, um Viti zu treffen. Die Elektrizität kommt immer näher.« (13. September 1932)

»Das Hofpflaster ist gelegt. Es fängt beim Portalfenster an. Viti und ich pflanzen Lupinen am Ende des Wassergrabens. *Public Faces* veröffentlicht.« (6. Oktober 1932)

»Die fünf Akazien um den Sissinghurst Crescent gepflanzt. Ebenso die Buddleja (Sommerflieder) am Ende des Grabens. Zwei *Souvenir du Docteur Jamain*[5] eingepflanzt. Außerdem die Pappeln am Weg zum See. Ein tüchtiges Tageswerk. Auch an [seinem Buch über die] *Friedenskonferenz* gearbeitet. Gewicht 71 ½ kg.« (2. November 1932)

»Ein stiller, dunkler Tag. Ein paar wenige, regungslose Kastanienblätter. Ein Spaziergang in den Wald, zu Olive Rinders[6] Bungalow. Es ist dunkel, düster und herbstlich. Mich überkommt ein absurdes Glücksgefühl. Die Hunde bellen im Wald.« (13. November 1932)

»Die ersten drei Kapitel des *Friedenskonferenz*-Buches überarbeitet. Alles scheint in Ordnung zu sein. Barnes[7] kommt herüber und beginnt, die Rabatte umzugraben. Beale[8] trifft ein, und wir besprechen Einzelheiten meines neuen Schlafzimmers etc. Wieder so ein lächerliches Glücksgefühl. Als könnte ich alles schaffen. Eine Katastrophe muß vor der Tür stehen.« (14. November 1932)

[5] Eine alte immergrüne Hybride, die V. S-W. an der Mauer einer verfallenen Gärtnerei gefunden und wieder dem Gartenbau zugeführt hatte.

[6] Sie schrieb für die Frauenseite in *Action* und war eng mit V. S-W. befreundet.

[7] Der Gärtner von Long Barn.

[8] Der ansässige Baumeister, der den Großteil der Rekonstruktionsarbeiten in Sissinghurst durchführte.

»Ben ist mit wiedergewonnenem Selbstwertgefühl von Eton[9] zurückgekehrt, er hat es geschafft. Niggs ist so vernünftig, tüchtig und liebenswert wie immer, und Sissinghurst ist für uns zu einem wahren Heim geworden, das wir ewig lieben werden. Ich erwarte nicht, daß ich jemals ein Jahr so sehr lieben werde wie dieses. Und ich bin dankbar dafür.« (31. Dezember 1932)

Die Jahresbilanz war tatsächlich beeindruckend: Sie legten 1932 die Pappelallee an, die zum Eingang führt, pflanzten zwei Pappeln am Ende des Grabengangs sowie eine weitere Allee mit 36 Pappeln, die vom Wassergraben zum See führte. Sie pflanzten zwei Linden am Schloßeingang, einen Trompetenbaum auf dem Turmrasen (unterer Hof), die 30 Linden des Lindengangs, die Hainbuchenhecken unter den Linden und die vier irischen Eiben, die wie Wachposten im oberen Hof standen. Sie setzten außerdem die Eibenhecken im Eibengang ein, eine Reihe im Frühling, die andere im Herbst.

Viele Bäume und Blumen wurden unten am See gepflanzt: drei Roßkastanien, ein Trompetenbaum, Trauerweiden, Weißbirken, Unmengen von Hartriegel, Rhododendren, Weinrosen, japanische Schwertlilien, Primeln und Seerosen. Auf die Wiese zwischen Garten und See kamen Birken, Kastanien und Ebereschen.

Fortschritte wurden auch beim Pflanzen von Sträu-

[9] 1933 ging er nach Oxford aufs Balliol College.

chern und Blumen im Garten selbst gemacht – die weiße Glyzinie, die die Grabenmauer überwuchert sowie weitere Glyzinien, die Lady Sackville von ihrem Haus in Streatham geschickt hatte und Lavendel und Baumlupinen. Fingerhut wurde im Nußgarten gepflanzt [Harold sammelte ihn mit einem Kinderwagen im Wald], *Iris kaempferi* (Sumpfschwertlilien) am Wassergraben, Seerosen im See und Schwertlilien und Primeln an den Rändern. Die wichtigste Heckenbepflanzung in diesem Jahr bestand aus einem Eibenkreis um das Rondell im Zentrum des Küchengartens, der nach und nach in den heutigen Rosengarten umgewandelt wurde.

Die Arbeit an Stufen und Wegen ging weiter, die Hofbepflasterung wurde fertiggestellt, und die Nicolsons fingen an, die Gartendekoration aufzustellen. Ihre schönsten Stücke kamen mit einem Lieferwagen im März und April von Lady Sackville aus Streatham – acht herrliche Bronzeurnen[10] und zwei Bleivasen mit Deckel. Die Bronzeurnen wurden zunächst am Sissinghurst Crescent und am

[10] Diese Urnen, die Schmuckstücke von Sissinghurst, kamen ursprünglich vom Château de Bagatelle, 1777 vom Comte d'Artois für Marie Antoinette errichtet. 1835 wurde Bagatelle samt unschätzbarem Inventar vom Marquis von Hertford gekauft, der es seinem leiblichen Sohn Sir Richard Wallace vermachte. Sir Richard hinterließ viele der Schätze der jetzigen Wallace Collection, lebte jedoch eine Zeitlang auf Bagatelle, das er seiner Frau vererbte, welche es wiederum ihrem Sekretär Sir John Murray Scott hinterließ. Sir John vermachte einiges von dem Inventar seiner Freundin und langjährigen Gefährtin Lady Sackville, Vitas Mutter.

Grabengang aufgestellt, die Bleivasen auf den Turmstufen, wurden aber von den Nicolsons bald umgestellt und änderten nach dem Krieg erneut ihren Standort. Im Oktober erhielt die Dionysos-Statue ihren Platz am Wassergraben.

1933

Die ersten drei Monate des neuen Jahres verbrachten die Nicolsons in den Vereinigten Staaten mit einer Vortragsreise, um Geld zu verdienen. Die Arbeit wurde delegiert und während ihrer Abwesenheit vollendet. Es wurden mehr Rasen und mehr Platten verlegt, der Wald wurde gelichtet und gesäubert.

»Viti und die Jungs holen mich ab, und wir fahren rüber nach Sissinghurst. Ein herrlicher Abend. Kurz nach acht sind wir da. Die Wappen befinden sich am Portal. Das Gras im oberen Hof ist gewachsen, der Rasen gelegt worden. Zwischen den Eiben ist der Plattenweg angelegt worden. Mein neuer Flügel ist fertig. Von außen ist es in Ordnung, nur der Kamin ist zu hoch. Das Wohnzimmer sieht schön aus, nur die Türöffnung ist zu groß. Mein Schlafzimmer, die Toilette und das Badezimmer sind wunderbar. Die Schlüsselblumen prächtig. Abendessen. Ins Bett. Rebecca rollt sich neben mir zusammen. Zu Hause.« (Harold Nicolson, Tagebuch 20. April 1933)

»Du bist wieder da – aber wann werde ich Dich sehen?« schrieb Virginia Woolf an die Freundin Vita. Und: »Gott, wie ich Dich um den rosa Turm nach dem ganzen Amerika beneide.« Ein Treffen kam nicht zustande, weil Virginia Woolf nach Italien reiste. Vita schrieb ihr: »Nun, Du bist verschwunden – in Italien verloren. Und ich nehme an, es ist herrlich – Italien im Mai –, daß ich Dir von den Glockenblumenwäldern hier nichts erzählen werde, die alles im Mittleren Westen übertreffen, das kann ich Dir versichern. Und ich erzähle Dir auch nichts über unseren Holzkohlenbrenner – oder über die beiden Schwäne, die auf wunderbare Weise auf dem See aufgetaucht sind, in weißer Majestät umherschwimmen und reizende langhälsige Spiegelbilder im Wasser werfen.«

Vitas Liebe zu Sissinghurst hatte von Anfang an den Charakter religiöser Inbrunst. Sie schreibt: »Der schwere, goldene Sonnenschein versah die alten Ziegel mit einer warmen Patina und warf einen langen Turmschatten auf das Gras, wie den Zeiger einer riesigen Sonnenuhr, der sich langsam mit der Sonne drehte. Alles war gedämpft, schläfrig und still, abgesehen vom Gurren der Tauben, die allein auf dem Dach zusammensaßen.« Und über den Turm am Abend schreibt sie: »Der Turm schnellte wie eine verzauberte, rosarote Fontäne zum Himmel empor ... sie stiegen die sechsundsiebzig Turmstufen hinauf und standen auf der Bleiplattform, stützten sich mit den Ellenbogen auf die Brüstung und schauten schweigend auf Felder, Wälder, Hopfengärten und den See in der Senke, von dem schwacher Nebel aufstieg.«[11] 1933 verfaßt sie ein Gedicht, das sie Virginia Woolf widmet und das Harold für das beste hielt, das sie je geschrieben hatte.

[11] Diese Zitate stammen aus Vita Sackville-Wests Roman *Eine Frau von vierzig Jahren*, erschienen 1932. Die Beschreibung paßt genau auf Sissinghurst.

Sissinghurst

Sissinghurst;
Donnerstag, für V. W.

Als müder Schwimmer in den Wellen der Zeiten
überlasse ich mich schließlich der Wogen Bauch,
sinke durch Jahrhunderte zu andren Breiten:
am Grund liegen begraben Schloß und Rosenstrauch.
Begraben in Schlummer und Zeit,
Verschlafen und rankenbedeckt,
die Steine über und über von Moos befleckt,
der Bergfried den Flechten geweiht.
Im Wasser unten sank ich in ein Bild hinein,
dort regt sich kein Lüftchen, nicht ein Laut stellt sich ein,
ein fernes Trugbild, das bei Berührung vergeht,
untergegangen im tiefen Brunnen der Zeit,
wie im Wasser, das tief in einem Graben steht.
Doch durch die verfallenen Hallen kreuz und quer
wandere ich, doch über das Spiegelbild legt
sich keine Trübe, auch wenn sich das Wasser regt –
und auch mein Schritt fällt derselben Täuschung anheim.
Gleich hoher Sommerblumen wie Damast so fein

schießen Giebel und Turm in den Himmel hinein;
  mit Efeufingern fällt kriechend her
die Natur über rosiges Mauerwehr.
  Überall suchen sie nach Ritzen,
umklammern Pfosten, halten Spalten in den Krallen,
umspinnen das Mauerwerk, das sie überfallen,
wandernde Farne zu Tentakeln gewunden
  tasten überall nach Schlitzen,
unter Wasser sind sie dieses Märchens Stützen,
  anachronistische Vagabunden!

Und hier, durch die Geburt fern von allen Moden
lasse ich die Trance dieser Spiegelwelt in Ruh,
und bei meinem Gang wende ich der Welt oben
  nichts als den Rücken zu.

Hier, wo man Tage und Jahre nicht zählen kann,
falle ich bleischwer, will nichts von Jahren wissen,
und im Schlummer verliere ich mich dann,
  versunken, hingerissen.

Jetzt reifen die Äpfel, reift der Hopfen heran,
der Klee und die Gerste wachsen gleich nebenan,
wie eines sich ewig drehenden Rades Speichen,
mit dem ich mich drehe, ohne Moden zu weichen;
weder rufe ich »Haltet doch ein!« noch »Voran!«,
mag auch die Welt ruhig aus dem Tritt gekommen sein,
[von ihrer schlauen Verwirrung eingenommen]

wenn nur das Zugpferd, bricht erst der Abend herein,
den Heimweg nimmt, um zu Stall und Heu zu kommen,
und alle Männer müde nach Hause streben,
    von harter Arbeit, eine Last ihr Leben,
sie, die mit rauher, störrischer Wildnis ringen,
um den Feldern Korn, nicht Nesseln abzuzwingen;
die ganze Landwirtschaft sowie das Schloß und ich
    gleiten in den Tiefen voran,
zufrieden in diesem zeitlosen Zauberbann,
die Scherben vergangener Zeit versammeln sich,
immer noch mähen und säen Schnitter und Sämann
unter den Schneebergen des Himmels unermüdlich,
und Wiesen kräuseln sich zu der Dorfglocken Klang.
So trottet mein Hengst seinen Abendweg entlang,
erfüllt mich mit dumpfer, tiefer Beschaulichkeit,
    worin ich in Ketten finde auch
das Schloß sowie die Weide und den Rosenstrauch.
Schönheit mit Nutzen gepaart und wieder Schönheit
kittet mein zerbrochnes Herz, gibt Gedanken Raum,
gleichbedeutend mit einem vergeblichen Traum.
Herbstleuchtfeuerschwaden über Wäldern liegen,
prägen den Wassergraben mit rotem Siegel,
auch die Sense lodert in der roten Wasserglut,
der Mond, der ein Viertel abgegeben als Tribut,
    folgt der Sonne auf dem Wasserspiegel.
Der Himmel, im Osten grün, im Westen rot getönt,
Hopfendarren sich unter blasse Hauben schmiegen,
das Fuhrwerk steht dumm mit aufrechter Deichsel herum,

als sich nun des Tages Leben an die Nacht gewöhnt.
Wie ein tiefes Meer kann die Nacht das Land verschlingen,
ebenso das Schloß, die Wiesen und das Bauerngut,
allein der bellende Wachhund ist stets auf der Hut,
er will die Kette gegen das Mondbrandmal schwingen.

Im Saal tanzen hohe Schatten Wände entlang,
es flackerten die Kerzen im Luftzug ganz krumm,
über Scheiben floß rot der Sonnenuntergang,
doch nun beginnt die Nachtzeit und die Nacht der Zeiten,
ihr Dunkel wie ein Nomadenzelt zu bereiten,
so schwarz, die Wasser sich doppelt im Schlaf vermeinen.
Jahr und Jahrhundert zieht seine Bahn über der meinen,
  die Kindheitsjahre sind verbannt,
  die Jahrhunderte ungekannt,
ich träume, muß nicht weinen.

Ab Mitte des Jahres hatte Vita Sackville-West jeden Freitagabend in der BBC eine Sendung, in der sie über ihre Arbeit als Gärtnerin sprach; die Beiträge wurden anschließend im *Listener* veröffentlicht.

Nicht immer war die Harmonie zwischen ihr und Harold, wenn es um den Garten ging, ungetrübt. Er hätte ihre Voliere für die Wellensittiche gern entfernt, und sie stritten über dies und jenes. In seinem Tagebuch schrieb er:

»Messe den Mittelweg im Gemüsegarten aus ... Dann weigert Vita sich, bei unserer Entscheidung zu bleiben, die elenden, kleinen Bäume zu entfernen, die meinem Entwurf im Wege stehen. Ihre romantische Veranlagung behindert wie üblich die klassische.« (Harold Nicolson, 27. September 1933)

»Ich versuche die Perspektive des Gemüsegartens durch Verlängerung der gepflasterten Wege zu erweitern, stoße aber auf Artischocken und Vitas Entrüstung. Danach betrübt Unkraut aus dem Rasen gejätet. Wir haben eine Diskussion über die Rechte der Frauen.« (Harold Nicolson, 30. September 1933)

Im späteren Verlauf des Jahres brachten sie einige wichtige und dauerhafte Projekte zum Abschluß: sie pflanzten weitere Bäume am See und einige Pappeln entlang der Grenze zum Feld, ebenso Buchsbaumhecken im Gemüsegarten, der jetzt der Rosengarten ist. Im damaligen Rosengarten [jetzt der Weiße Garten] errichteten sie auf Überresten klassischer Säulen die Laube, die sie nach einem Tempel der Akropolis Erechtheum nannten. Mit dem darunterliegenden, gepflasterten Plätzchen diente sie als Terrasse für Mahlzeiten im Freien. »*Solch* eine Menge Gärtnerei findet hier gerade statt – wir pflanzen die herrlichsten Sträucher – Sissinghurst wird eine Wucht«, schrieb Vita an Virginia Woolf im November.

1934

1934 kamen die vier irischen Eiben im Bauerngarten dazu sowie einige wichtige Hecken, vor allem die Eibenhecke um den jetzigen Kräutergarten sowie die Buchsbaumumrandung einiger Blumenbeete.

Harold fuhr erneut nach Amerika, und während seiner Abwesenheit bemühte sich Vita, mit Hilfe ihres Architekten W. R. Powys, geeignetes Material für eine hohe Mauer zu bekommen, die eine halbmondförmige Laube am westlichen Ende des Rosengartens einfassen sollte. Gequält schrieb Vita Briefe an Harold, in denen sie ihm berichtete, daß sie die Ziegelsteine, die sich neben den alten elisabethanischen Backsteinen sehen lassen konnten, hatte finden ... nicht finden ... und schließlich doch finden können. Endlich waren die Ziegelsteine ausgewählt, und 1935 wurde dann die Mauer errichtet.

Waren Harold oder Vita unterwegs, wurde der Reisende von dem Daheimgebliebenen stets genau über die Fortschritte im Garten auf dem laufenden gehalten. Keiner von beiden traf wichtige Entscheidungen ohne die Zustimmung des anderen.

In einem Brief schlug Vita Harold vor, durchbrochene Tore in den Mauern anzubringen. Er schrieb nur knapp zurück: »Durch die durchbrochenen Tore hätten wir dann einen herrlichen Blick auf Castle House [das Bauernhaus], Gewächshaus und Waschküche ... es müssen solide Eichentüren sein.« Als sie später in Frankreich und er in Sissinghurst war, schrieb er: »Mein Gott, Liebes! Wie schön ist dieser Ort im Frühling! Warum hat mir bisher niemand vom Mai hier erzählt? Übrigens, Kennelly legt einen Weg um den Nußgarten herum an.«

Harold beaufsichtigte den Garten so genau, daß er sogar Jahr für Jahr die Bäume und Hecken ausmaß und Protokoll über ihr Wachstum führte. »Niggs [sein Sohn Nigel] und ich haben gestern Bäume gemessen. Den Preis bekommt die Akazie am Sissinghurst Crescent, die 60 cm gewachsen ist.« Er schaffte es, Bäume bis zu einer Höhe von gut acht Metern auszumessen [das waren die Pappeln]; die Eibenhecken, die 1932 bei einer Höhe von 75 cm gepflanzt und jedes Jahr gemessen worden waren, hatten 1941 eine Höhe von 2 ½ Metern erreicht.

Zu der Ernsthaftigkeit kamen auch einige Verrücktheiten: »Niggs und ich beschließen, auf dem See eine Insel als Vogelschutzgebiet zu schaffen. Es soll eine griechische Insel mit einer genauen Ithaka-Replik werden. Vita ist gar nicht damit einverstanden. Sie hält es für Zeitverschwendung: ›im Schlamm spielen‹ nennt sie das. Ihrer Ansicht nach werden wir es nie zu Ende bringen. Sie sagt, die Insel würde weggespült werden. Wir karren fünf, sechs Steine zum See hinunter. Vita sagt, wir würden ihre kostbaren Steine verschwenden. Dann kommt Besuch, und wir hören entmutigt auf. Die Umrisse von Ithaka breiten sich über den See aus, wie das Ungeheuer von Loch Ness mit Steinen im Maul.« (Harold Nicolson, Tagebuch 15. August 1934)

Tatsächlich ist Ithaka fertiggeworden, aber es ist inzwischen unsichtbar unter einem Meer von Schilf.

Schon 1934 drängten einige Leute darauf, den Garten besichtigen zu dürfen und Nicolson, der in seiner Gutmütigkeit manchmal zusagte – was ihn hinterher verdroß –, machte sich einen Heidenspaß daraus, Ausländern die Besonderheit des englischen Gartens zu erläutern. So führte er eines Tages ein paar amerikanische VIPs durch die Anlage. Als die Gesellschaft zu einem blühenden Pfirsichbaum gelangte, waren die Amerikaner überrascht, einen Schinken unter dem Baum liegen zu sehen, und sie fragten nach dem Grund. Harold erklärte: »In Amerika wird der Schinken mit Pfirsichgeschmack bereichert und in England die Pfirsiche mit Schinkengeschmack.« Er hatte den Schinken selbst dorthin gelegt.

Viele weitere Zierbäume und Sträucher wurden 1934 gepflanzt, Magnolien, Lorbeer, Edel- und Buschrosen, ebenso Lilien, sogar zweimal soviel Lilien wie eigentlich beabsichtigt. Denn Harold bestellte 300 *Lilium regale* (Königslilien) aus Bath und Vita 300 derselben Lilien bei einer anderen Firma. Vita schrieb: »Es tut mir nicht leid.

Das wird eine noch nie dagewesene Pracht geben. Alle sind sie schon bezahlt.«

Nach zwei Jahren war Sissinghurst wirklich zu ihrem Heim geworden und Long Barn, das immerhin über zehn Jahre ihr Zuhause gewesen war, hatte seinen Reiz verloren:

»Ich war heute in Long Barn. Ich hatte mich ziemlich davor gefürchtet, ich dachte wohl, es würde beißen, aber das war nicht der Fall. Ich dachte nur: ›Ich danke Gott für Sissinghurst!‹ Long Barn machte einfach nur einen selbstgefälligen Eindruck. Natürlich hatte ich es in seinem schlechtesten Moment erwischt: triefende Herbststimmung über dem Garten. Aber ich bedauerte es nicht eine Sekunde; es gab mir keinen einzigen Stich. Ich wollte nur zurück nach Sissinghurst. Ehrlich, Hadji [Vitas Kosename für Harold], ich schwöre bei allen Heiligen, ich bin dankbar, daß wir weggezogen sind, und bestimmt würde es Dir ebenso ergehen.« (Vita Sackville-West, 30. Oktober 1934)

Und Harold antwortete:

»Du warst auf long barn (das nicht mal mehr der Großbuchstaben würdig ist), und es hat Dich nicht im geringsten berührt. Ich frage mich, ob es Dich mehr berührt hätte, wenn die Bienen in den großen Saal hineingebrummt wären. Aber Sissinghurst entspricht mehr Deiner geistigen Heimat, denn es bedeutet Geburtsrecht und solche Dinge, hat einen Donjon, einen Wassergraben und

einen Turm, der wie eine Tulpe in den Himmel schießt.«
(13. November 1934)

1935

Dreimal besuchte Harold Nicolson 1935 die Vereinigten Staaten, bereiste Mexiko und fuhr im April mit Vita, Nigel und seiner Schwester Gwen mit dem Auto durch Frankreich, wo sie in Marseille ein Kreuzfahrtschiff bestiegen, das sie nach Griechenland brachte. Nicolson unterhielt die Passagiere mit Vorträgen über die Sehenswürdigkeiten, während Vita Sackville-West über moderne Dichtung sprach. Anfang Mai waren sie wieder in Sissinghurst, um die Glockenblumen blühen zu sehen.

Die Hauptarbeit, die sie sich für dieses Jahr vorgenommen hatten, war der Umbau des Torhaus-Blocks und die Vollendung des »großen Raums«, der heute die Bibliothek ist. Bis 1930 diente das Gebäude als Stall für die Kutschpferde. Nun bekam der Raum eine Tür zum Turmhof und am Ende wurde ein großes Fenster aus den Mauern gebrochen. Aus Resten eines elisabethanischen Kamins, den sie im Garten beim Graben gefunden hatten, ließen sie einen neuen aufbauen. Als Harold die Arbeiten nach dem Urlaub besichtigte, war er wenig glücklich. Das Zimmer, das endlich das gemeinsame Wohnzimmer sein sollte, erinnerte ihn »an eine Krankenstation in einer türkischen Kaserne.«

Von Vitas Mutter bekamen sie einen schönen Lapislazuli-Tisch und einige andere Möbel. Die Jungfrauen-Statue des jugoslawischen Bildhauers Rosandic aus Walnußholz (deren Bleiguß vor dem Eßzimmerfenster im jetzigen Weißen Garten steht) bekam ihren Platz im großen Zimmer, und die neuen Regale wurden mit Hunderten von Büchern gefüllt. Am 20. Juli schrieb Vita an Harold: »Nur, um Dich vorzuwarnen: der große Raum ist ein REINFALL. Ich habe alles versucht, aber ich kriege es nicht so hin, daß es stimmt.«

Abgesehen von den Vortragsreisen, ging Harold Nicolson in der Woche seinen Aufgaben in London nach, während Vita in ihrem Turm schrieb und nachmittags im Garten arbeitete. »Man sollte jedoch wissen«, schrieb Nigel Nicolson, »daß dieser Garten ein Produkt ihrer Mußestunden war. Sie schufen ihn in den Pausen, während sie genug Geld verdienten, um ihn zu erschaffen. Der Garten war eine Extravaganz. Er war für sie beide eine Begleitung ihrer Bücher, wie die linke Hand auf dem Klavier es für die rechte ist. Wenn Harold jeden Freitagabend nach Sissinghurst zurückkehrte, sah er sich als erstes, noch in seinem Londoner Stadtanzug und die Aktentasche schwingend, im Garten um, er war sein erstes Anliegen, eine Senkgrube, um alle Verzweiflung der Woche abzuleiten, ein Weinglas, das die Köstlichkeit des Wochenendes enthielt. Sie allein pflanzte und plagte sich die ganze Woche lang, schrieb in einem riesigen Notizbuch (denn Tinte und Feder waren ihre Adjutanten) ihre Pläne, ihre Selbstbefragung auf, und wenn er zurückkam, legte sie ihm ihre Ideen, ihre Sorgen, ihre Triumphe und Enttäuschungen vor. ›Komm: komm und sieh dir das an! Was machen wir da am besten?‹ «

Zum Ende des Jahres konnten sie zufrieden feststellen, daß ihre Arbeit sichtbar wurde. Die im Jahr zuvor begonnene, halbkreisförmige Mauer war fertig, weiterer Rasen ausgesät, Rosen, Sträucher und eine Hainbuchenhecke waren gepflanzt sowie Wein im Erechtheum. Delos, der Garten neben dem Priest's House, war umgegraben worden und wartete auf seine Gestaltung. »Wir haben viel in Sissinghurst geschafft«, schrieb Harold Nicolson in seinem Jahresrückblick, »und das nächste Jahr sollte einfach wundervoll werden.«

1936

Vita liebte es, Blumen zu arrangieren, vor allem zu kleinen Sträußen, und sie stellte Harold zur Begrüßung immer Blumen in sein Zimmer. Sobald es genügend Blumenausbeute gab, nahm er jeden Montag Sträuße mit nach London. 1936 schrieb er an Vita: »Es steht außer Frage, daß den Schwertlilien die Southern Railway nicht zusagt. Lupinen dagegen vertragen das Reisen gut, und dem Flieder wird kein Haar gekrümmt. Allerdings könnten sie besser verpackt werden … Ich habe größere, bessere Vasen für meine ganzen Blumen gekauft. Sie bereiten mir solche Freude.« Als Vita hörte, daß Flieder [er meinte *Philadelphus* (Pfeifenstrauch, falscher Jasmin)] die Fahrt gut überstand, schickte sie ihm am nächsten Tag gleich mehr davon.

Im März 1936 starb Vitas Mutter, was die finanzielle Situation der Nicolsons erheblich erleichterte, wenngleich sie auch Wertpapiere im Wert von 46 000 Pfund verkaufen mußten, um die Erbschaftssteuer bezahlen zu können.

Für ihre Voliere kaufte Vita Sackville-West dreißig neue Wellensittiche und bestellte zweihundert Forellen für den Teich. Die letzten irischen Eiben wurden gepflanzt, weitere Hecken und Rosen kamen dazu.

Außerdem wurden ein großes Gewächshaus und ein Orchideentreibhaus eingerichtet. Harold bestellte einige Gartentöpfe von einer venezianischen Töpferei. Sowohl Harold als auch Vita führten größere Bepflanzungen durch. Harold pflanzte eine Spalierallee mit dreißig Holländischen Linden in den 1932 angelegten Lindengang und legte Betonplatten in rötlichen, grünlichen und gelblichen Tönen dazwischen. Er bepflanzte lange Beete an beiden Seiten des Weges mit einer Vielzahl von Frühlingsblumen, weshalb der Lindengang auch als Frühlingsgarten bezeichnet wird. Dieser Garten blieb sein ganzes Leben lang unter seiner Aufsicht. Er bezeichnete ihn als »mein Lebenswerk«, und der Lindengang war damals wie heute den März-, April- und Maiblumen vorbehalten, wonach er sich dann regenerieren durfte und nur noch die grüne Kolonade der wundervollen Linden anzuschauen ist.

Jeder Baum stand (und steht) in einem von den Platten ausgesparten Quadrat Erde, das jeweils verschiedenen Frühlingsblumen vorbehalten ist. Die großen, bepflanzten Töpfe wurden in regelmäßigen Abständen aufgestellt, und eine weibliche Statue beendet den Gang. Kein anderer Garten in Sissinghurst ist so streng gestaltet und so ausschließlich auf die Saison ausgerichtet wie dieser. Offensichtlich liebte Harold Nicolson die Frühlingsblumen mehr als alle anderen.

Im April schrieb Harold begeistert an Vita: »Wir müssen unbedingt Osterglocken für unsere *Unter den Linden*-Rabatte besorgen. Ich freue mich ungeheuer auf diese Rabatte. Ich bin überzeugt, wenn wir uns Mühe geben, wird unser Frühlingsgarten der schönste in England.«

Er machte sich mit soldatischer Präzision ans Werk. Der blühende Lindengang, der so zwanglos arrangiert aussieht, als wäre eine Botticelli-Göttin vorübergegangen und hätte unterwegs Blumen fallen lassen, ist der Lohn sorgfältigster Planung. Harold führte über den Frühlingsgarten gesondert Buch. Drei der Notizbücher aus den Kriegsjahren sind noch erhalten. Darin zeichnete er auf kariertem Papier maßstabsgerecht den Garten auf, numerierte die Bäume von 1 bis 30 und widmete jedem Abschnitt der Rabatte zwischen den Bäumen eine eigene Seite. Diese kleinen Karten begleitete er mit praktischen Anmerkungen, Bepflanzungsplänen und einem fortlaufenden Kommentar zum Stand der Dinge. So war z. B. auf der Seite für den Abschnitt zwischen Baum 8 und 9 zu lesen: »Hinten Forsythien und hohe Tulpen. Vorne eine gute Mischung von Schlüsselblumen und Anemonen, aber die decken nicht genug. Einfach auffüllen. Unter Baum 8: *Narcissus nanus* (Wildnarzisse), lassen. Topf: sehr schlechte Traubenhyazinthe, herausnehmen und neu auffüllen. Baum 9: gute Anemonen. Schlüsselblumen mit Baumwolle abdecken. Ableger vom gelben Goldlack beim Cottage machen.«

Mit geradezu wissenschaftlicher Exaktheit listete Harold Nicolson Hunderte von Pflanzen auf, notierte ihre Pflanzzeit und die Dauer des Blühens. In jedem Jahr änderte er die Blumenkomposition und überließ keine Pflanze sich selbst.

Heute ist der Gang zwischen den Linden mit Yorksteinplatten ausgelegt, während sich die verwitterten Betonplatten von damals an den Seiten finden. Zweifellos ist der Lindengang, so wie Nicolson es wollte »der schönste Frühlingsgarten Englands.«

»Ein ereignisreiches, historisches Jahr geht zu Ende. Ich war gesund und glücklich. Ebenso meine Liebe. Sie hat ihr Buch über Jeanne d'Arc geschrieben und mit *Pepita* angefangen. Vitas Mutter ist gestorben, und unsere finanziellen Probleme sind aus der Welt geschafft. Ben hat nach einer erfolgreichen Laufbahn Oxford verlassen und wird am 4. Januar bei der National Gallery anfangen. Niggs entwickelt sich schnell. Mama war gesund und glücklich. Sissinghurst entwickelt sich prächtig. Ein glückliches, ein wertvolles Jahr.« (Harold Nicolson, Tagebuch 31. Dezember 1936)

1937

Nach nur sechs Jahren war der Garten von Sissinghurst bereits berühmt für seine Schönheit und Vielfalt.

Vita Sackville-West schrieb an ihrem erfolgreichsten Buch *Pepita*, der Geschichte ihrer spanischen Großmutter, nachdem sie tagsüber im Garten tätig gewesen war. Sie hatte ihr Orchideenhaus in Betrieb genommen und versuchte, ein Enzianbeet anzulegen. Enzian, so stellte sie alsbald fest, war »eine launische Pflanze«, und tatsächlich wurde mehrfach der Standort verändert, bis sie sich daran erfreuen konnte.

Im Sommer besuchte eine Abordnung von Harold Nicolsons Wählern [er strebte einen Sitz im Unterhaus an] den Garten, und er betrachtete ihn ebenfalls mit den Augen eines Besuchers. Anschließend schrieb er an Vita:

»Jedenfalls war Sissinghurst nie schöner anzuschauen und ist mehr gewürdigt worden. Ich muß sagen, durch Farley [Gärtner] hat der Garten Gentleman-Charakter bekommen, doch Du mit Deinem außerordentlichen Geschmack hast ihm ganz und gar Deinen Charakter gegeben. Ich glaube, das Geheimnis Deiner Gartenarbeit besteht darin, daß Du den Mut hast, häßliche oder undankbare Blumen zu beseitigen. Abgesehen von diesen scheußlichen Fackellilien, für die Du eine Schwäche hast, gibt es dort keine einzige häßliche Blume. Außerdem denke ich, *si j'ose m'exprimer ainsi*, daß das Konzept wirklich recht gelungen ist. Das heißt, wir haben erreicht, was wir erreichen wollten – ein perfekt ausgewogenes Verhältnis zwischen Klassik und Romantik, zwischen dem Üblichen und dem Überraschenden. Wenn auch die Hauptachsen so angelegt sind, daß der Erwartung Genüge getan wird, sind sie doch in sich so raffiniert, daß sie Überraschung hervorrufen. Aber Sinn und Zweck des Gartens werden erst zu Tage treten, wenn die Hecken hochgewachsen sind, vor allem die (allerwichtigste) Stechpalmenhecke im Blumengarten. Aber es ist schön, schön, schön – und Du mußt mit Deinem Werk rundum zufrieden sein.« (Harold Nicolson, 8. Juni 1937)

Der jetzige Rosengarten um das Rondell herum wurde von Gemüse gesäubert und mit Busch- und Kletterrosen bepflanzt. Die Rondellhecke existierte bereits seit 1932.

Ein griechischer Altar traf von Shanganagh Castle, dem Heim von Harolds Onkel Lord Dufferin, ein und wurde probeweise an mehreren Orten aufgestellt, bis er schließlich in Delos landete. Doch auch dort gefiel er den Nicolsons nicht. Später kam er in den Obstgarten. Es war einer von mehreren, die Harold bei einer Auktion des Familienbesitzes erstanden hatte.[12]

Pläne für den Obstgarten wurden gemacht, ein Rundweg geebnet und mit Gras bepflanzt. Die Nicolsons beschlossen, den Obstgarten als wilden Garten anzulegen. In Delos pflanzten sie Moschusrosen. Ein herrlicher chinesischer Krug aus der Mingzeit, den Harold in Ägypten erstanden hatte, kam in die Mitte des kleinen Rosengartens [Weißer Garten], aus dem zunächst ein Kräutergarten mit Unmengen von Rittersporn wurde, nachdem der größere Rondellgarten sich zum eigentlichen Rosengarten gewandelt hatte. Die Kletterrosen wurden natürlich nicht versetzt. Es gab einige davon beim Priest's House, andere in einer kleinen Mandelbaumallee.

Im Oktober reiste Vita Sackville-West mit ihrer Schwägerin Gwen nach Frankreich und Harold, der sich wieder einmal um den großen Raum im Torhaus kümmerte, schrieb ihr:

»Schau Dich nach zwei kleinen Gemälden um, 45 x 30 cm, damit wir die Sandfarbenbilder von den Hirschkämpfen auswechseln können. Selbst in Öl gemalt mache ich

[12] Dieser, mit Girlanden zwischen Widderköpfen verzierte Altar, war im frühen 19. Jahrhundert von einem Nicolson-Vorfahren nach Irland gebracht und im Juli 1832 in Shanganagh zum Gedenken an die *Reform Bill* aufgestellt worden. Sechs Jahre später war der Reformbegeisterte enttäuscht und brachte eine Tafel auf der Rückseite an: OH WEH, BIS HEUTE HUMBUG.

mir nichts aus dem Landseer-Stil. Aber die Bilder werden wahrhaftig zum Sand des Anstoßes, wenn sie dazu noch aus einem Stoff sind, der weder von Gott noch vom Menschen für plastische Künste und schon gar nicht für die Malerei ausersehen war. Ich möchte so gerne (und ich weiß, Du auch) aus dem großen Saal einen vollkommenen Raum machen. Ich denke, jetzt, da wir endlich die richtigen Stühle und Bezüge haben, verfügen wir über den Rahmen für einen perfekten Saal. Aber unsere Bilder sind nicht auf der Höhe unseres Porzellans und unserer Schränke.

Ich glaube, daß wir uns in Geschmacksfragen gegenseitig vertrauen. Und ist Dir bewußt, liebste (allerbeste) Viti, wieviel es bedeutet, daß wir beide so begeistert von Sissinghurst sind und beide spüren, was für eine Chance, was für eine Riesenchance sich uns hier bietet? Ich bin vollkommen überzeugt, daß es Dir gelingen wird, aus diesem Durcheinander von Gutshoftrümmern etwas ganz und gar Persönliches, Schönes zu machen, das in England seinesgleichen suchen wird. Ich gestehe, daß mich Dein Weitblick oder Deine visionäre Vorstellungskraft in solchen Dingen tief beeindruckt. Ich selbst habe nie vorhergesehen, wie schön und gemütlich diese geliebten Räume werden könnten. Ich gestehe, ich habe nie vorhergesehen, daß Sissinghurst Vornehmheit mit Schönheit verbinden würde. Du hast das alles vorausgesehen. Da ziehe ich einfach meinen Hut. Ich bin überzeugt davon, daß es Dir gelingen wird, etwas zu schaffen, dem gegenüber alles Geschmacklose lächerlich wirkt. Vor allem verwirrt, beunruhigt und bezaubert mich der Obstgarten. Er läßt mich nicht mehr los, Liebste, wie ein Apfelduft in meinem Zimmer. Aber, gütiger Gott im Himmel, wie liebe ich diesen Ort! Ich glaube, nur Du und ich verstehen ihn wirklich. Gwen versteht ihn auch. Die Jungs schätzen ihn nur. Das ist bei weitem nicht dasselbe. Ich glaube, Dein Gedicht hat mir die Augen über Sissinghurst geöffnet. Ein gutes Gedicht. Nicht wahr? Ein ausgezeichnetes Gedicht. Gestern, im Zug, habe ich auch ein Gedicht geschrieben. Wie alle meine Gedichte war es miserabel. Im Hopkins-Stil. Weißt Du, Lyrik beansprucht so viel mehr Zeit als ein Buch. [...] Amüsiert Euch schön. Grüße an Gwen. Ich habe viel zu tun und bin recht glücklich – nein, ich bin überaus glücklich. Aber ich habe meine Ferien auf Sissinghurst so genossen, und man verspürt einen Stich, wenn die Blumen welken.«

»Ich schreibe von dem rosafarbenen Turm, den Du magst. Denkst Du jemals an mich?« schrieb Vita an Virginia Woolf im November. »Wenn Du es tust, stelle Dir bitte ein Sissinghurst vor, sehr matschig, wo ein geschäftiges Leben stattfindet, zum Beispiel Gärtnern (frag Leonard, der Gärtner *ist*, und er wird Dir sagen, daß alle Gärtner zu dieser Jahreszeit eine Orgie des Pflanzens und Umpflanzens feiern).«

Zum Jahresende notierte Harold Nicolson:

»Nach dem Abendessen [in Sissinghurst] denke ich an das Jahr 1937 zurück. Ein gutes Jahr. Vita war wohlauf, sie hat *Pepita* und ihr Blumenbuch[13] beendet und den Garten zu einem der schönsten von ganz England gemacht. Ben war an der National Gallery sowie in Florenz und bildet sich zum *Kunsthistoriker* aus. Nigel hat am Balliol hart gearbeitet, und es ist ihm gelungen, seine Schüchternheit abzulegen. Ich bin in Afrika gewesen, habe an allen möglichen Orten Reden gehalten, *Helen's Tower* geschrieben, *The Meaning of Prestige*[14] und *Small Talk*[15] veröffentlicht und bin glücklich und rundum beschäftigt gewesen.« (31. Dezember 1937)

[13] *Some Flowers*, Cobden Sanderson 1937.

[14] Die Vorlesung, die er in Cambridge am 23. April 1937 gehalten hatte.

[15] Eine Sammlung von Artikeln aus verschiedenen Zeitschriften. Bei Constable erschienen.

1938

Anfang des neuen Jahres erkrankte Vita Sackville-West, und man diagnostizierte schließlich eine Bleivergiftung, deren Ursache das Mahlwerk der Cider-Presse war. Die lange bettlägerige Zeit nutzte sie, um Kataloge von Samenhändlern durchzusehen und Bestellungen aufzugeben. »Wahrscheinlich gebe ich insgesamt nicht mehr als zehn Pfund aus, was andere Leute schon für eine Dinner-Party oder vier Theaterkarten mit anschließendem Essen ausgeben. Aber *meine* Investition ist etwas Dauerhaftes, die von Jahr zu Jahr Früchte tragen wird.«

Für den *New Statesman* begann sie unter dem Titel *Country Notes* über ihre achtjährige Gartenerfahrung regelmäßig erscheinende Kolumnen zu verfassen. Mit Hilfe eines Garten-Tagebuchs, in dem sie notierte, was gepflanzt wurde und wie es gedieh, ging ihr der Stoff nie aus. »Grundsätzlich«, schrieb sie »bin ich für Übertreibung, für große Gruppen, ausschweifende Formen. Zwölf Tulpen zusammen sind mit Sicherheit wirkungsvoller, als je sechs. Ebenso ist die Wirkung größer, wenn man Rittersporn zusammen in einem Beet pflanzt, als ihn zu verteilen.«

Inzwischen arbeiteten außer ihr drei Gärtner in Sissinghurst und nachdem die Ergebnisse ihrer Kataloglektüre eintrafen, teilweise noch andere Hilfskräfte. Ein Dutzend Zieräpfel wurden gepflanzt, drei Dutzend Lilien und immer noch mehr Rosen.

»Powys, unser neuer Architekt, möchte die Hofmauer nach dem gleichen Prinzip wie die Gartenmauer bauen, ungefähr 1,20 m dick und kunstvoll angeschrägt. Wenn Du mir nichts Gegenteiliges telegraphierst, werde ich ihm also sagen, daß wir nur eine ganz normale Mauer wollen. Abgesehen von den Kosten, denke ich, daß eine zu dicke Mauer nicht zu den anderen relativ schmalen Mauern passen würde. Schließlich macht die Schlankheit und folglich die Anmut von Sissinghurst einen Teil seiner Schönheit aus, und ein großer, klotziger Elefant von Mauer wäre inkonsequent.« (Vita Sackville-West, 10. Februar 1938)

Im Mai säte sie im Obstgarten gemischten Blumensamen und Kornblumen aus, und im Juni wurde der Garten zum ersten Mal übers Wochenende für das Publikum geöffnet. Doch immer häufiger kamen Berufsgärtner, um sich Anregungen und Ratschläge zu holen. Das schmeichelte Vita ganz besonders. An Harold schrieb sie: »Wenn Du wirklich mal ein anspruchsvolles Gespräch willst, empfehle ich drei Experten, die über Aurikeln reden. Bloomsbury ist nichts dagegen. Ich habe nicht einmal die Hälfte von dem verstanden, was sie gesagt haben.«

»Was für ein schöner Sonntag! Warum hast Du mich gefragt, ob mein Leben glücklich gewesen ist? Du hast das auf eine so merkwürdige Art gefragt. Ich hatte das Gefühl, Du würdest denken, ich wäre nicht glücklich. Ich glaube, es belastet mich mehr als andere, alt zu werden. Der Lohn des Alters (Achtung, Macht, Ruhm etc.) bedeutet mir nichts, ich sehe nur Nachteile darin. Aber das ist nur eine bescheidene Verzweiflung. Ich liebe mein Leben heute mehr als je zuvor. [...] Soviel zu den ›Beschäftigungen‹. Dann kommt die ›ideale Umgebung‹! Du weißt, wie ich das Haus liebe und was für gute Freunde ich hier habe. Aber hinter dem Haus steht mein Leben. Da sind die Jungs, die mir viel bedeuten. Sie sind meine Freunde. Und da bist Du, Liebste – und in diesem Punkt scheint Dein lieber Wirrkopf durcheinanderzugeraten. Du glaubst so sehr an die Leidenschaft, daß Du manchmal die Liebe unterschätzt. Ich weiß, der Kern meines Daseins (die tatsächliche Triebfeder, durch die sich all meine Zahnrädchen so geschäftig drehen) ist meine Liebe zu Dir. Das ist der Fels, auf den sich mein Leben gründet. Ich weiß, es langweilt Dich, daran zu denken, daß wir verheiratet sind – und übrigens bald Silberhochzeit haben. Du mußt zugeben, daß ich diesen Teil Deiner Exzentrizität immer respektiert habe. Aber wie es uns auch erscheinen mag, die Tatsache bleibt bestehen, daß Du der einzige Mensch bist, den ich um mich haben möchte, wenn ich leiden würde. Ach, meine allerbeste Viti, ich liebe Dich so sehr. Und da wir beide uns dessen bewußt sind, reden wir nicht darüber. Es ist unser unausgesprochenes Geheimnis.« (Harold Nicolson, 11. Juli 1938)

Im Obstgarten pflanzte Vita im Herbst zwölf chinesische Päonien, steckte Mengen von Tulpen und Kaiserkronen und pflanzte Quitten und japanische Kirschen. Zweihundert Alpenveilchen kamen an den Rand des Schloßgrabens. Kurz darauf wurden in Sissinghurst Gasmasken ausgegeben, da die Kriegsgefahr immer größer wurde. Im gerade so schön bepflanzten Obstgarten wurde ein Splittergraben ausgehoben und das große Zimmer zu einem gasdichten Schutzraum verwandelt:

»Sie dichten den großen Saal in Sissinghurst gegen Gas ab. Offensichtlich soll sich die gesamte Gemeinde bei Luftangriffen hier versammeln. Martin und Martha, Fay und Nellie, die alte Mrs. Hayter, die Landarbeiter – wir alle werden stundenlang in diesem Raum hocken, ohne eine einzige Belüftungsritze. Ich kenne schon jemand, der nicht dabei sein wird. Er wird ohne Gasmaske im Bett liegen, die Fenster weit geöffnet.« (Harold Nicolson, Tagebuch 26. September 1938)

»Die Vorstellung, daß Du Freitagnacht in London bleibst, behagt mir ganz und gar nicht. Wenn Samstag wirklich der *giorno fatale* sein soll, werden die ersten Angriffe auf London am Samstag, unmittelbar nach Mitternacht, stattfinden, das heißt, am Sonntagmorgen um ein Uhr.

Unterdessen machen wir hier mit unseren Vorbereitungen weiter, als wäre der Krieg schon beschlossene Sache. Alle sind wir mit Gasmasken ausgerüstet worden, und ein Graben wurde in der Kälberwiese ausgehoben. Wir sind hier ruhig, entschlossen und fröhlich. Man hört mehr Scherze als je zuvor, auch wenn sich alle sehr wohl der Lage bewußt sind. Ich respektiere die Engländer, trotz all ihrer Fehler! Ich weiß nicht, ob Du während dieser schrecklichen Tage eine ähnliche Entwicklung durchmachst: eine Art merkwürdiger Ruhe und Ergebung, eine Stimmung, die kaum schwankt, nur in kurzen Momenten menschlicher Schwäche. Ich fühle mich beinahe exaltiert und, was besonders seltsam ist, Teil eines Bundes mit Namen England, und nicht nur zu ›England‹ fühle ich mich gehörig, sondern zu allen, die in diesem Augenblick ähnliche Ideale und Prinzipien haben. Ich drücke es am besten so aus: die Saiten unseres Wesens sind so fein wie möglich gestimmt.« (Vita Sackville-West, 27. September 1938)

»Unsere Silberhochzeit. Ich lasse sie einfach vorübergehen, denn Viti hält nichts vom häuslichen Leben. Ich spreche ein kurzes Dankgebet zu Demeter, die mir die geeignetste Adressatin zu sein scheint. Seltsamerweise haben alle es vergessen, außer Booth und Emily[16]. Die Jungs wissen nicht einmal davon. Wie glücklich bin ich diese

[16] Der Butler und seine Frau auf Knole. Emily Booth war V. S-W.'s persönliches Dienstmädchen vor ihrer Heirat.

fünfundzwanzig Jahre gewesen!« (Harold Nicolson, Tagebuch 1. Oktober 1938)

Im November bekamen die Nicolsons wieder einmal eine Einladung in den Buckingham-Palast. Vita, in ihrer selbstgewählten Einsamkeit, haßte solche Veranstaltungen, die für Harolds politische Arbeit wichtig waren.

»Ich weiß, Du wirst mir nie vergeben, aber ich kann nicht zu dieser Gesellschaft gehen. Ich habe an Jay's geschrieben und festgestellt, daß ein Abendkleid mindestens 30 Pfund kosten würde und die Accessoires (Schuhe, Unterwäsche, Handschuhe etc.) weitere 10. Also, mir kommt es niederträchtig vor, für persönlichen Putz für einen Abend Geld auszugeben. Es war töricht von mir, überhaupt erst zuzusagen. Gwen [St. Aubyn] sagt, es wäre falsch von mir zu kneifen, und ich *müßte* gehen. Aber ich traue mich nicht. Und wenn ich auf diese Gesellschaft ginge, würde ich mich selbst verraten. Ich schreibe diesen Brief inmitten meines verstreuten Schmucks – Smaragde und Diamanten, die ich gerade von der Bank geholt habe –, und er verursacht mir Übelkeit. Ich *kann* mir einfach kein Kleid kaufen, daß 30 Pfund kostet oder Juwelen im Wert von 2000 Pfund tragen, wenn die Leute draußen verhungern. Ich *kann* bei einer solchen Farce nicht mitspielen, wenn man den Leuten den Strom oder das Gas abzustellen droht, weil sie ihre Schulden nicht mehr abbezahlen können.« (Vita Sackville-West, 14. November 1938)

»Wie ich Dich liebe, Mar! [ihr gegenseitiger Kosename] Ich bin froh, daß Du nicht kommst. Du hast wie immer recht. Es ist falsch, das ganze Geld auszugeben, nur um auf eine Gesellschaft zu gehen. Diese Welt existiert heute nicht mehr. Wie kann ein Mensch von Deiner Empfindsamkeit und Vorstellungskraft sich mit teuren Kleidern behängen, während sich kultivierte jüdische Frauen und Männer wie die Füchse im Grunewald verstecken? Du lieber Gott! Ich bewundere Dich so, Viti. Du hast so vernünftige Grundsätze. Sie klingen so glockenklar. Ich bin ganz sicher, daß ich nur die Glocke anzuschlagen brauche, und sie wird immer einen vollkommenen Ton von sich geben. Ich werde nie vergessen, wie wichtig Du für mich während der Krise gewesen bist.[17] Du warst diese Tage über von absoluter geistiger Vollkommenheit. Ich hätte nicht durchgehalten, wärst Du nicht gewesen, wie Du ganz und gar selbstlos über kleinlichen Ängsten und Gebrabbel standest.« (Harold Nicolson, 15. November 1938)

[17] Die München-Krise.

1939 – 1945

»Mein Gott, wie erfüllt das Leben ist, wenn man es auf die richtige Art angeht!« schrieb Vita Sackville-West im Februar 1939 an Virginia Woolf, und: »Viele Hektar Farmland und ein neues Gedicht in einem großen Buch mit Schreibpapier – was kann man mehr vom Leben verlangen?«

»Am Nachmittag säen Viti und ich einjährige Pflanzen. Wir säen im Bauerngarten, dann in der Rabatte und schließlich im Obstgarten. Wir rechen den Boden glatt. Während des Harkens denken wir beide: ›Was wird mit der Welt geschehen sein, wenn diese Saat aufgegangen ist?‹ Es ist warm und still. Wir hätten so glücklich sein können, wäre da nicht dieser Gedanke, der an unseren Herzen zerrt, als würde ein geliebter Mensch in den oberen Räumen im Sterben liegen. Wir reden darüber, ob wir wohl besiegt werden, wenn es zum Krieg kommt. Und sollten wir besiegt werden, wäre eine sichere, vorzeitige Kapitulation besser? Wir denken nicht an Geld, Privilegien oder Vergnügen. Wir denken nur an diese ungemeine Verschwendung an Leid, zu der es sicher kommen wird. Alles nur wegen des wahnsinnigen Ehrgeizes eines

Fanatikers und der gemeinen Ideologie, die er seinem Volk auferlegt hat.« (Harold Nicolson, Tagebuch 9. April 1939)

Als der Krieg immer unausweichlicher wurde, plante Vita langfristig für den Garten. Eine langsam wachsende Magnolie wurde gepflanzt und sie schrieb: »In hundert Jahren wird jemand sie durch die Ruine des Turms wachsen sehen ... und wird sagen, irgend jemand muß sich einmal um diesen Ort gekümmert haben.«

»Die roten Rosen sind einfach zu schön in dieser rechteckigen Kastenvase, die ich von Dir habe. Meine Liebe, warum kann man uns nicht in Ruhe lassen? Wir fügen doch niemandem Schaden zu. Uns liegt an schönen, zarten Dingen. Wir wollen nur Gutes auf Erden tun. Unser Geschmack ist nicht vulgär, unsere Gedanken nicht grausam. Warum bloß liegt es nicht in unserer Macht, etwas zu verhindern, von dem wir wissen, daß es schlecht und schrecklich ist? Ich würde gerne mein Leben geben, könnte ich damit nur den Krieg aufhalten. Ich würde zum Arzt gehen und ohne Schmerz aus dieser Welt scheiden. Aber ich kann nicht genug denken, um ihn aufzuhalten. Wie klein ist doch mein Kopf und wie groß der Haß, wenn er einmal entfesselt ist. Ich bin so unglücklich über die Welt draußen und so glücklich in meinem eigenen kleinen Kreis.« (Harold Nicolson, 19. Juni 1939)

Zu ihrem siebenundvierzigsten Geburtstag schenkte Harold ihr eine Sackville-Flagge für den Turm, die Vita »ein Traum von Fröhlichkeit« nannte.

Wie schon im Jahr zuvor, wurde der Garten 1939 für das Publikum geöffnet. Dieses Mal vier statt zwei Tage, und es kamen über achthundert Besucher! 1940 verlängerte sie auf sechs Tage, danach war er täglich im Frühjahr und Sommer geöffnet. Das Eintrittsgeld betrug einen Shilling. Vita nannte die Besucher: die Shillings.

In einem Artikel im *New Statesman* schreibt sie liebevoll über ihre »Shillings«: »Diese sanften, freundlichen Männer und Frauen, die in den Garten eindringen, nachdem sie ihren Silber-Obolus in die Schale geworfen haben, diese wahren Friedensstifter, diese gutmütigen Naturliebhaber, wie sie hingebungsvoller nicht sein könnten, diese einfachen Seelen, die achtzig Kilometer per Bus mit ihrem Foxterrier an der Leine anreisen, genau die Schildchen studieren und sich Notizen in ein Heftchen machen – das sind die Leute, die ich nur allzu gerne willkommen heiße und empfange. Zwischen uns hat eine ganz besondere Form von Höflichkeit überlebt, eine Gärtnerhöflichkeit in einer Welt, in der die Höflichkeit rauheren Dingen gewichen ist.«

Außer den Wellensittichen in der Voliere gab es über hundert weißer Tauben in Sissinghurst. Vita, die die Tauben vor ihrem Turm fütterte, fürchtete, daß sie im Kriegsfall kein Futter mehr für sie auftreiben könne. »Und dann geschah etwas ganz Außergewöhnliches: sie verschwanden alle, als hätten sie es gewußt.«

»Was für entsetzliche Stunden. Wenn Du doch bloß nicht in London wärst. Es macht mich physisch krank, wenn ich an Luftangriffe denke. Während des Mittagessens erhielt ich einen Anruf, man fragte mich, ob der Buick eine Tragbahre fassen oder ›nur sitzende Patienten und Leichen‹ aufnehmen würde. Ich bin ganz krank vor Sorge, aber ich glaube, ich habe mich im Verlauf des Tages wieder gefangen, ein merkwürdiges psychologisches Phänomen, ich wünschte, ich könnte es analysieren. Gestern nacht habe ich mit Mrs. Drummond zu Abend gegessen. Ihr einziger Kommentar zu der 9-Uhr-Nachricht lautete: ›Äußerst unbefriedigend.‹ Sie machte auf mich den Eindruck, als würde sie gerade ein Hausmädchen zurechtweisen. Eine großartige alte Dame.« (Vita Sackville-West, 24. August 1939)

»Um 1 Uhr 50 fahre ich mit Victor Cazalet rüber nach Sissinghurst. Auf der Straße sind viele Armeelaster und ein paar erbärmliche Lieferwagen, die East-End-Flüchtlinge evakuieren. Als ich in Sissinghurst eintreffe, stelle ich fest, daß die Fahne eingezogen wurde.« (Harold Nicolson, Tagebuch 3. September 1939)

»Ruhiger Tag in Sissinghurst« war Vita Sackville-Wests stereotyper und liebster Tagebucheintrag. Ab dem 3. September 1939 befand sich England im Krieg. Sissinghurst, das zwischen London und den Kanalorten liegt, lag direkt in der Flugroute der Bomber in beiden Richtungen. »Unruhige Tage in Sissinghurst« hieß es von nun an.

Im Dezember 1939 kam Vita die Idee, einen Garten ganz mit weißen Pflanzen zu gestalten:

»Der Löwenteich [jetzt der Senkgarten] wird abgelassen. Ich habe einen, wie ich hoffe, recht hübschen Plan für ihn: nur weiße Blüten, mit ein paar Tupfern von blassem Rosa. Weiße Clematis, weißer Lavendel, weiße Schmucklilien, weiße, gefüllte Schlüsselblumen, weiße Anemonen, weiße Kamelien, weiße Lilien und in einer Ecke Himalaja-Lilien und die zart pfirsichfarbene *Primula pulverulenta* (Etagenprimel).«[18] (Vita Sackville-West, 12. Dezember 1939)

»Du weißt gar nicht, was für Freude mir Deine Briefe bereiten. Nachdem ich mich durch einen endlosen Berg von Bettelbriefen gequält habe, komme ich zu Deinen, und das ist wie ein Schwall Sommerluft. Mir gefällt Deine Idee mit dem Löwenteich. Bloß bekommt er natürlich keine Sonne. Das weißt Du ja. Du bist schließlich Gärtnerin. Es

[18] Dieses Projekt wurde nach dem Krieg durchgeführt, nicht am Löwenteich, der zu klein und abgesunken war, sondern im ehemaligen Rosengarten neben dem Priest's Cottage. Der »Weiße Garten« ist inzwischen der bekannteste der verschiedenen Sissinghurst-Gärten.

ist schon unverschämt von mir, Dich daran zu erinnern, daß der Löwenteich fast keine Sonne abbekommt. Nur ein paar Strahlen am Morgen, mehr nicht. Wir haben die Anemonen, die gut gedeihen. Wir wissen, daß die blauen Agapanthus (Schmucklilien) blühen, also warum nicht auch weiße? Aber was ist mit der Clematis, den Kamelien, den Lilien, vor allem mit der *Himalaja-Lilie*? Doch das weißt Du alles. Die Idee ist nur so gut, daß ich sie verwirklicht sehen möchte. Ich mag die *Campanula pyramidalis* (Kamin Glockenblume) dort, Du nicht auch? Natürlich ist nicht viel Platz. Für weiter oben haben wir dann die *Clematis montana* (Bergwaldrebe). Ja, es ist bestimmt ein vortrefflicher Einfall. Ach Liebes, wie sehr lenken mich diese Dinge doch von den Sorgen über den Krieg ab.« (Harold Nicolson, 13. Dezember 1939)

»Du hast mir einen so schönen Brief über meine törichten Briefe an Dich geschrieben. Ich habe immer das Gefühl, sie klingen zu sehr nach ›Unser Dorf‹, verglichen mit Deiner interessanten Tätigkeit. Aber wenn Du sagst, sie bringen Dir einen Schwall Sommerluft, bin ich getröstet. Und ich glaube, es kann tatsächlich nicht schaden, wenn Du (wie überhaupt jeder von uns) Dich drei Minuten pro Tag von den Schrecken Europas einmal friedlichen, schönen Dingen zuwendest.

Gewiß war mir bewußt, daß der Löwenteich im Schatten liegt, deshalb habe ich eine entsprechende Auswahl getroffen. Primeln und Himalaja-Lilien lieben die Nordlage. Ich fürchte, ich war recht verschwenderisch, nach dem Motto: »Laßt uns pflanzen und fröhlich sein, denn nächsten Herbst sind wir vielleicht alle ruiniert.« Wenn ich jetzt 20 Pfund für Pflanzen ausgebe, werden sie jedenfalls Jahr für Jahr schöner, und vielleicht können wir uns das nie wieder leisten.« (Vita Sackville-West, 14. Dezember 1939)

»Überall liegt jetzt Schnee. Die kleinen Pfade, die sich hindurchbahnen, sind mit Asche bestreut. Wie häßlich und traurig. Auf meinem Tisch steht eine Schale mit *Iris reticulata* (Netzhautiris, Steppeniris). Diese fröhlichen, empfindlichen Blumen erinnern noch an das Leben, wie es vor dem 3. September gewesen ist. Als würde sich ein Apoplektiker an die Tage vor dem Schlaganfall erinnern.« (Harold Nicolson, Tagebuch 3. Februar 1940)

»Ich fahre rüber nach Sissinghurst. Vita und Gwen getroffen. Alles sieht zu schön aus, um wahr zu sein, aber eine Art Schleier hat sich zwischen meine Liebe zur Natur und der Angst vor dem wirklichen Leben geschoben. Wie bei Zahnschmerzen. Wir essen allein zu Abend und plaudern über belanglose Dinge. Kurz vor neun schalten wir das Radio an, es beginnt zu dröhnen, als es Saft bekommt, und dann hören wir die Glocken.[19] Anschließend kommt das 9 Uhr-Zeitzeichen und der Sprecher beginnt: ›Sie hören

[19] Das Erkennungszeichen der BBC.

den *Home Service*. Hier ist der Right Honourable Neville Chamberlain M. P. Er wird eine Erklärung abgeben.‹ Das verblüfft mich für einen Augenblick, erst dann wird mir bewußt, daß er zurückgetreten ist. [...] Ich gehe zu Bett und werde hoffentlich schlafen. Höchstwahrscheinlich wird es diese Nacht Luftangriffe geben. Wir haben bereits angekündigt, daß wir deutsche Städte bombardieren werden, da die Deutschen französische Städte angegriffen haben. In Sissinghurst wird der Raum für Gasangriffe in der Bibliothek, der zeitweise aufgegeben worden war, wieder hergerichtet.« (Harold Nicolson, Tagebuch 10. Mai 1940)

»Das einzig Gute an dem Krieg ist, daß wir jetzt einen Wächter oben auf dem Turm haben. Mit seinem Stahlhelm und seinem Gewehr hebt er sich äußerst malerisch im Mondlicht hinter der Brüstung ab. Ozzy[20] befehligt die Regionaltruppe des Freiwilligenkorps Volunteer Defence[21]. Sie haben 32 aus dem Ort Sissinghurst bekommen. Nicht schlecht.« (Vita Sackville-West, 23. Mai 1940)

»Beale kam gestern mit dem Offizier, der für die Suchscheinwerfer in diesem Sektor zuständig ist. Er wollte die

[20] A. O. R. Beale, der Pächter von Sissinghursts Schloß-Gutshof.

[21] Die Local Defence Volunteers, die später in Home Guard umgetauft wurde und die Anthony Eden am 14. Mai ins Leben gerufen hatte.

Gegend vom Turm aus inspizieren. Er sprach sehr offen mit uns. Sie haben nicht nur Angst vor Fallschirmjägern, sondern auch vor Flugzeugen voll Truppen, die auf unseren Sissinghurst- und Bettenham-Feldern landen könnten. In diesem Fall würde unser Turmwächter herunterrennen, Beale informieren, der die Meldung telefonisch weitergeben soll, und dann würden Stoßtruppen gebildet werden. In der ganzen Gegend sind Feldposten stationiert. Der Offizier konnte es offensichtlich gar nicht abwarten, daß die Flugzeuge ausgerechnet in Sissinghurst oder Bettenham landen; ich war jedoch nicht so sicher, daß ich diesen Wunsch teilte. Beale ebenfalls nicht. ›Mein Weizen …‹, meinte er bedrückt.« (Vita Sackville-West, 24. Mai 1940)

»Der letzte Abend war einer der schönsten, an den ich mich überhaupt erinnere. Ich bin noch spät allein hinausgegangen, um ein paar von Beales Schafen, die weggelaufen waren, aufs Feld zurückzuholen. Ein Lamm befand sich *égaré* auf einer anderen Wiese, und ich bin ihm durchs hohe, nasse Gras nachgelaufen, geleitet von seinem Blöken und dem schwachen Schimmer seines kleinen Körpers. Der Horizont war noch rosa getönt vom Sonnenuntergang, die Venus stand allein und riesig am Himmel, und die Umrisse des Wachpostens zeichneten sich oben auf dem Turm über der Brüstung ab.« (Vita Sackville-West, 3. Juni 1940)

»Ich habe gehört, daß die Invasion für Freitag angekündigt ist. Mach Dir keine Sorgen um mich hier draußen, falls wir getrennt werden. Sollte es hart auf hart kommen, kann man eben nichts machen. Wie Du, habe auch ich mich darauf eingestellt, daß ich mein Leben verlieren könnte. Ich will es ganz und gar nicht verlieren, aber wenn es denn sein muß, muß es eben sein. Natürlich sollte ich mir Sorgen um Dich machen. Aber beide habe wir unseren blanken Degen. Mir ist die Vorstellung lieber, es oben auf dem Turm mit Dadas Schrotflinte Jeanne Hachette[22] gleichzutun.« (Vita Sackville-West, 17. Juli 1940)

»Ein herrlicher, klarer Morgen, aber ziemlich kalt. Trotzdem gehe ich schwimmen. Ein großer Reiher fliegt vom See auf. Der Bauerngarten flammt gelb, orange und rot auf. Ein wahrer Triumph der Gartenkunst. Viti, die so besonnen und ruhig ist, spricht die stumme Frage aus, die uns alle quält: ›Wie können wir überhaupt gewinnen?‹« (Harold Nicolson, Tagebuch 11. August 1940)

»Ein gewaltiger Angriff am Morgen, oben in den Lüften dröhnen und brummen laut die Flugzeuge. Über unseren sonnigen Feldern wird wild gekämpft. [...]

[22] Jeanne Hachette rettete 1472 Beauvais, als es von Karl dem Kühnen angegriffen wurde. Einer seiner Soldaten hatte die Zinnen erklommen, als Jeanne ihn mit dem Schwert niederstreckte, in den Wassergraben schleuderte und so ihrer Garnison wieder neuen Mut machte.

Am Abend sprechen Vita und ich über die Höhepunkte in unserem Leben. Der Augenblick, an dem ich einen Tabakladen in Smyrna betrat, der Augenblick in der Ebury Street, die frühen Tage von Long Barn, die Nacht, in der Nigel geboren wurde, die Nacht in Kermanshah u.s.w. Vita meint, es sei ein Fehler gewesen, zu lange ein *Edwardian* geblieben zu sein, und es hätte uns mehr gebracht, wenn wir schon 1916 Kontakt zu Bloomsbury aufgenommen hätten, anstatt an Mrs. George Keppel, Mrs. Ronald Greville und den edwardianischen Relikten festzuhalten. Belustigt gestehen wir uns ein, daß wir 1916 noch nicht einmal von Bloomsbury gehört hatten. Aber wir sind einer Meinung, daß wir das beste sowohl von der plutokratischen Welt als auch von der Bohème erwischt haben und ein schönes Leben hatten.« (Harold Nicolson, Tagebuch 2. September 1940)

»Immer wenn ich die Sirenen höre, frage ich mich, wo Du gerade bist: im Ministerium, auf der Straße, im King's Bench Walk [im Haus Nr. 4 befand sich Nicolsons Wohnung], im Theater? Es ist entsetzlich. Inzwischen haben wir Maschinengewehrkugeln gefunden, eine auf der Seewiese und eine kam durch das Dach des Gartenhäuschens. Da siehst Du, daß ich recht habe, wenn ich Dir immer sage, daß Du drinnen bleiben sollst, wenn sie genau über uns kämpfen. Das sind gemeine, spitze Dinger.

Nach dem Abendessen letzte Nacht hatten wir ein hübsches Feuerwerk, als ein Deutscher von unseren

Suchscheinwerfern erfaßt wurde und Leuchtspurgeschosse abfeuerte. Blutrot rannen sie über den Himmel. Sonst war die Nacht hier ruhig.« (Vita Sackville-West, 4. September 1940)

Harold Nicolson, der inzwischen im Informationsministerium arbeitete, versuchte nach wie vor seine Wochenenden in Sissinghurst zu verbringen:

»Es ist immer wieder ein bedrückender Augenblick für mich, wenn ich den *panier* auspacke, den wir zusammen hergerichtet haben. Ich nehme traurig die Blumen heraus und denke daran, wie Du sie gepflückt und in Papier gewickelt hast. Aber heute war es schlimmer als sonst, weil ich fühle, wie sehr ich versage, wenn es darum geht, Dir beizustehen. Ich weiß nicht warum, aber ich scheine nie in der Lage zu sein, Dir zu helfen, wenn Du in Schwierigkeiten bist. Ich verabscheue es mehr als alles andere, wenn Du unglücklich bist. Aber ich sinniere hier über meine eigenen Seelenschmerzen, und wenn ich zurückblicke, stelle ich fest, daß ich nur wirklich unglücklich war, wenn Du es auch gewesen bist. [...]

Ich glaube nicht, daß Du jemals wirklich gemerkt hast, wie unglücklich Deine exzentrische Seite mich oft gemacht hat. Wenn ich unglücklich bin, verschließe ich mich wie eine Auster. Ich liebe Dich so sehr, beste Viti. Ich stütze den Kopf in die Hände und mache mir Sorgen um Dich. Heute hätte mich beinahe ein Taxi überfahren.

Nur um Haaresbreite bin ich einem Unfall entgangen. Und mein erster Gedanke war: ›Wäre ich wirklich zerschmettert ins Krankenhaus gebracht worden, dann wäre Viti aus ihrem dumpfen Zustand gerissen worden.‹ Ich liebe Dich so sehr.« (Harold Nicolson, 31. März 1941)

Dieser Brief kreuzte sich mit einem von Vita, in dem sie Harold mitteilte, daß Virginia Woolf Selbstmord begangen hatte.

»Ich konnte es kaum ertragen, Deinen Brief zu lesen, zum Teil, weil ich erwartete, er würde von Virginia handeln. So war ich wirklich überrascht. Ich ertrage es nicht, wenn Du unglücklich bist, vor allem, wenn ich die Ursache bin. Aber ganz ehrlich, mein Liebster, Du hast keinerlei Grund dazu. Ich bin von Natur aus eigentlich glücklich veranlagt und verfalle nur gelegentlich in Verzweiflung. Es ist töricht und selbstsüchtig von mir, zu sagen, daß mich der Krieg bekümmert, wenn doch so viele Menschen unendlich mehr darunter leiden als ich, aber es bekümmert einen eben, wenn man sieht, wie all die Dinge verschwinden, die einem etwas bedeutet haben. Außerdem überfällt mich (und zwar schon in krankhaftem Ausmaß) immer das Grauen, daß Dir etwas zustoßen könnte, und ich nehme an, daß das eine Belastung ist. Weißt Du, ich liebe Dich so. Ich glaube, ich bete sechsmal am Tag, daß Dir nichts passiert. [...]

Du warst immer liebevoller zu mir, als ich es überhaupt

beschreiben kann, und ich wünsche mir *ganz und gar* nicht, einen anderen geheiratet zu haben! Dein gestriger Abstecher nach Sissinghurst hat mich so sehr berührt. Wir sind schon komisch, Du und ich: Virginias Tod hat Dich hergebracht, und doch haben wir nicht darüber gesprochen.

Deine Taxi-Geschichte läßt mir das Blut in den Adern gefrieren. Sollte Dir irgend etwas zustoßen, ich würde nie darüber hinwegkommen. Ich glaube nicht, daß ich dann noch weiterleben könnte.«

»Mein Liebster,
ich schreibe Dir nach dem Abendessen. Ein starkes Gewitter dreht irgendwo seine Runden: ein blasser Blitz und dann ein schwaches Grummeln beträchtliche Zeit später. Ich war drüben im Schuppen und habe die Dahlien unter der Bank hervorgeholt. Ich habe es bisher wegen des Frosts nicht gewagt, sie auszupflanzen. Dabei kamen mir Gedanken, die einem eben so durch den Kopf gehen, wenn man allein ist und eine mechanische Tätigkeit ausübt, wie Dahlien in einen Korb zu setzen, also dachte ich bei mir: ›Wie eigenartig. Ich vermute, Hadji und ich sind, konventionell gesehen, einander so untreu gewesen, wie man es nur sein kann, ja schlimmer noch als untreu, wenn man den homosexuellen Aspekt in Betracht zieht, und doch schwöre ich, daß sich zwei Menschen nicht aufrichtiger lieben können als wir es nach all diesen Jahren tun.‹

Es *ist* doch eigenartig, nicht wahr? Zerstört es alle orthodoxen Vorstellungen der Ehe?

Aber es ist wahr, so wahr, daß ich mir sicher bin, daß unsere Liebe wie eine große Eiche mit vielen Eicheln oder ein Tulpenbaum mit vielen Blüten ist.

Ich bin wirklich der Ansicht, daß wir die Sache geschickt angegangen sind.

Gute Nacht, Liebling.« (Vita Sackville-West, 4. Juni 1941)

»Vita kommt am Morgen vorbei, sie ist das erste Mal seit zwei Jahren wieder in London. Ich habe ihr immer zu erklären versucht, daß die Zerstörung Londons dort schlimm ist, wo sie schlimm, aber nicht so schlimm, wo sie weniger schlimm ist. Das ist wohl schwerfällig ausgedrückt. Jetzt ist sie ebenfalls völlig überzeugt davon. Sie kann sich nicht vorstellen, warum St. Paul's immer noch steht oder warum unser geliebter Temple so gewaltig eins auf den Kopf gekriegt hat.

Wir fahren nach Evesham, ich, um den BBC-Kontrolldienst, der dort eingerichtet worden ist, zu inspizieren, und Vita, um den Hidcote-Garten[23] zu besuchen. Er hat die richtige Anlage von Blickachsen, die durch kleine, in-

[23] Der berühmte Gloucestershire-Garten [jetzt Eigentum des National Trust], der von dem Amerikaner Laurence Johnson angelegt worden war. Es wird oft angenommen, er sei ein Vorbild für Sissinghurst gewesen, aber das war H. N.'s erster Besuch dort.

time Gärten verlaufen. Ich bin stark beeindruckt von einer Fünfergruppe von Hainbuchen [keine Hecken], die ein Rasenstück einrahmen. Es gibt dort auch einen wundervollen, weitläufigen Rasen, eingerahmt von Eiben, und weiter hinten stehen Ulmen auf einer Terrasse. Vita erwartet mich mit einem Riesensack voll Flieder und Ablegern aus Lauries Garten am Bahnhof. Zu Hause verteilen wir unsere Hidcote-Beute auf mehrere Eimer und essen schön zu Abend.« (Harold Nicolson, Tagebuch 10. Oktober 1941)

Anfang Februar 1942 schrieb Vita in ihr Tagebuch: »Bleibe abends lange auf und schreibe. Es macht mich glücklich – um Mitternacht – allein mit Martha [dem Hund] in der Abgeschiedenheit zu sein.«

Sie mußte ihren eiskalten Turm, für den keine Kohlen mehr zu bekommen waren, aufgeben und richtete sich im Torhaus ein. Als es allmählich wärmer wurde, beschäftigte sie sich mit dem verwilderten Garten, für den sie eine neue Japanische Kirsche kaufte – »ganz lieblich, mit grünlich-weißen Blüten wie ein Eisberg. Hoffentlich verkauft Niggs [dem sie Sissinghurst vermacht hatte] diesen Ort nicht als Bauland, unsere Enkelkinder würden richtig schöne, große, blühende Bäume sehen können – aber wird irgend jemand in fünfzig Jahren daran überhaupt interessiert sein?«

»Ben hat heute zu mir gesagt: ›Wie glücklich bin ich diese Tage über gewesen!‹[24] Ich sagte: ›Aber Du hast doch gar nichts getan.‹ Er erwiderte: ›Aber ich bin immer glücklich, wenn ich zu Hause bei Mami und Dir bin.‹

Das ist nun wahrhaftig ein Kompliment (ganz offen heraus gesagt, mit all seiner großen Aufrichtigkeit), das ich mehr schätze als jedes andere. Es ist wirklich eine Leistung, daß wir eine Atmosphäre schaffen konnten, die einem heiklen jungen Mann wie Ben mehr entgegenkommt als der ganze Prunk von Gargoyle. Es freut mich, daß er das so spontan gesagt hat, denn so wußte ich, daß es stimmte. Natürlich kann man es relativieren, wenn man in Betracht zieht, daß er eine seßhafte Natur ist und seine Akten und Bücher liebt. Aber die Tatsache bleibt doch bestehen, daß das arme alte Sissinghurst (das keinerlei Zerstreuung zu bieten hat) ihm etwas gibt, das seinem einfühlsamen und anspruchsvollen kritischen Geist Freude macht.

Du, Liebling, hast diese Atmosphäre geschaffen: a) durch Deine enorme Aufrichtigkeit, b) durch Deinen Abscheu vor Streit, c) durch Deinen Sinn für die wahren Werte. Ich glaube nicht, daß ich, einmal von Winston [Churchill] abgesehen, jemanden so sehr *bewundere* wie Dich.

[24] Seine Einschiffung stand bevor, doch sollte er England erst am 26. Oktober verlassen.

Ich erinnere mich, daß Du (vor ein paar Jahren) gesagt hast, Du seist niemals mit irgend jemandem eine vollkommene Bindung eingegangen. Ich glaube auch nicht, daß Du das jemals könntest – denn Du bist eine vertikale, keine horizontale Natur, und zwei Drittel von Dir werden sich immer unter der Oberfläche befinden. Dafür hast Du aber mit Deinen Söhnen und mir eine Beziehung des absoluten Vertrauens und der vollkommenen Liebe aufgebaut. Ich glaube nicht, daß das für uns vier so wesentlich wäre, wenn nicht jeder von uns unter der Oberfläche Privatperson wäre.

Ich habe mich oft gefragt, was eine perfekte Familie ausmacht. Ich glaube, bei uns ist es einfach die Verbindung von Intimität und Unnahbarkeit. Jeder von uns hat sein Zimmer für sich allein. Jeder von uns weiß, daß es einen Gemeinschaftsraum gibt, in dem wir uns auf der Grundlage vollkommenen Verständnisses treffen.

Würde Ben getötet werden oder untergehen, dann würde ich mich immer an diese Bemerkung erinnern. Und ich würde wissen, daß wir aus dem vertrackten Netz menschlicher Beziehungen (mal ein Spinnennetz, mal ein Gewirr von Stahltauen) – und das nur dank Dir – eine Struktur errichet haben, die straff ist, wo Straffheit gefordert ist und elastisch, wo wir Bewegungsspielraum brauchen.

(Ich kann den Brief weiterschreiben, weil ich bei einer grünen Lampe in der Bibliothek sitze.) Ich denke an den Garten. Wir können nicht erwarten, daß er außer im Mai,

Juni und Juli überaus schön *aussieht.*[25] Wir haben keine Chance, einen August- oder Herbstgarten hervorzuzaubern. Aber ich denke, wir können uns weiter bemühen, den Rahmen für einen perfekten Garten zu schaffen. Ich denke, wir sollten uns darauf konzentrieren, verstärkt mit dem weiterzumachen, was gut kommt. Mehr an unserem eigenen Bestand arbeiten. Nun bringen aber alle ein- und zweijährigen Pflanzen mehr Arbeit mit sich, als wir mit unseren gegenwärtigen Mitteln bewältigen können. Reiß sie heraus. Weg mit dem Löwenmaul. Aber wir können Grundsätze für 1946 aufstellen, Samen ziehen und Ableger machen. Mehr Forsythien, mehr Magnolien, mehr Kerria (Ranunkelsträucher), mehr Fuchsien – alles, was verhältnismäßig wenig Mühe macht und 1946 Schönheit verspricht.« (Harold Nicolson, 24. September 1942)

[...]

»Das Militär ist in Sissinghurst eingetroffen. Es bestand aus dem Hauptquartier einer Panzerbrigade auf Übung, deren Vorbote ein junger Offizier mit Namen Rubinstein war. Ich mußte daran denken, wie ich nur drei Tage zuvor den gemarterten Juden in Polen Tribut gezollt

[25] Der Sissinghurst-Garten wurde zu Kriegszeiten von einem jungen Mann gepflegt, der aus gesundheitlichen Gründen vom Kriegsdienst befreit war sowie von einem Bauernmädchen. V. S-W. verrichtete selbst einen großen Teil der harten Arbeit und kümmerte sich auch um das Gewächshaus und die Bepflanzung. H. N. beschränkte seine Bemühungen einzig auf den Lindengang.

hatte und war äußerst höflich zu Hauptmann Rubinstein. Seine Eltern leben anscheinend in Leicester. Er teilte uns mit, daß sein Brigadegeneral zusammen mit fünf Offizieren, inklusive Koch und Bursche, zum Tee eintreffen und gerne über Nacht bleiben würden. Wir zeigten ihm das Brauhaus, das Trockenhaus, Nigels Zimmer, Bens Zimmer und den Speicher darüber. Er sagte, das würde vollauf reichen und verabschiedete sich, um sein Hauptquartier zu unterrichten, was für ein netter kleiner Empfang ihnen bereitet würde.

Erst in diesem Augenblick fielen Mami die Zwiebeln ein, die im Speicher auf dem Boden gelagert sind. An die zwei- bis dreitausend. Sie sagte, die Soldaten würden immer Zwiebeln stehlen, und wir müßen sie um jeden Preis wegschaffen, bevor sie einträfen. Ich sagte, wir hätten es hier nur mit einem Brigadegeneral und seinen Offizieren zu tun und daß sie a) wahrscheinlich jeder nicht mehr als drei Zwiebeln würden stehlen wollen und b) sie uns nicht allzusehr abgehen würden, wenn sie es täten. Sie meinte, heute wisse man nie bei den Offizieren, viele würden aus den Mannschaften befördert werden. Also holten wir uns drei Säcke und zwei Schaufeln, schleppten den ganzen Nachmittag lang bis Einbruch der Dunkelheit die Säcke zum Priest's House hinüber und verteilten sie auf dem Boden von Pats Zimmer. Wir waren kaum bei der letzten Zwiebel angelangt, als der Brigadegeneral eintraf. Er war ein netter, wohlerzogener Mann und sah so wenig nach einem Zwiebeldieb aus, daß Mami ihn sofort zum

Abendessen einlud.« (Harold Nicolson an Nigel Nicolson, 20. Dezember 1942)

Trotz all der Bombeneinschläge im Umkreis behielt Sissinghurst doch viel vom Charakter eines Dornröschenschlosses. Es war immer noch eine Welt für sich. An den meisten Wochenenden fuhr Harold weiterhin zu Vita, erfreute sich an seinen Blumen im Frühlingsgarten und im Bauerngarten, frühstückte an schönen Tagen draußen, badete im Sommer im See und nahm Sträuße mit zurück nach London, um auch unter der Woche etwas davon zu haben. »Ich liebe es, wenn Du mit dem Gerätekorb losziehst, der von der *récolte* überquillt«, schrieb sie 1943. »Ich liebe es, daß Du ein Stück von Sissinghurst mit Dir nimmst, und ich bin ziemlich stolz auf meine *floraison*, ganz ohne die Hilfe eines Vass [der Gärtner war natürlich eingezogen worden].« Mehrmals nahm Harold Veilchen, Rosen, Kirschbaumzweige, Schwertlilien, Geißblatt und Blutpflaumenzweige mit, die er mit Aspirin in den Vasen zu behandeln pflegte. Einmal schreibt er: »Die Iris *stylosa* sind herrlich aufgegangen. Als hätten alle Ladies von Longchamps plötzlich blaßblaue Sonnenschirme aufgespannt.«

Während des Krieges bestand Harold Nicolsons Gartenarbeit hauptsächlich im Heckenschneiden, im Verflechten seiner geliebten Linden und immer wieder im Unkrautjäten. Eine Arbeit, aus der er sich noch nie viel gemacht hatte. 1943 schrieb er für den *Spectator* seine leidvollen Erfahrungen nieder:

»August … ist der Monat, in dem wir, die wir nicht mit der Heckenschere umzugehen wissen und die wir nicht diese trainierten Rückenmuskeln haben, die den guten Mäher ausmachen, in unseren wenigen freien Stunden auf den Boden gesetzt werden, um diese schrecklichen Invasoren aus der Erde zu scharren, zu ziehen und zu klopfen. Es gibt das Verfahren, als ›Untergraben‹ bekannt, das nicht nur an sich schon anstrengend ist, sondern das Unkraut zum Wiederkommen einläd, *tamen usque recurrat*. Es gibt die Holländer-Hacke, die bei niedrigem, jungem Unkraut und bei lockerem Boden ordentliche und schnelle Ergebnisse bringt, doch mit der unangenehmen Begleiterscheinung, daß danach die zerbrechlichen Sämlinge, die herausgestochert wurden, eingesammelt und vernichtet werden müssen. Und dann gibt es noch die Korb- und Handharke-Methode des Unkrautjätens, die Geduld erfordert, aber keinen übermäßigen Eifer und mit der man ohne übertriebene Anstrengung drei Quadratmeter in ebensoviel Stunden säubern kann. Ich ziehe letztere Methode vor, denn sie ist gleichermaßen wohltuend für Boden und Geist. Dabei wird nicht nur das Unkraut ganz herausgedreht, sondern es bildet auch den Charakter, wenn man eine stumpfsinnige Aufgabe sorgfältig erledigt. Das Unkraut, das sonst vom Spaten untergegraben oder von der Hacke zerfetzt wird, nimmt man sich bei diesem langsamen Prozeß einzeln vor, jeder kleine ausgerupfte Halm wird zu einer Gewissensfrage, denn ihn nicht auszuzupfen, ist eine moralische Niederlage; man hat das Gefühl, etwas geleistet zu haben, wenn die feinste Pfahlwurzel wie eine Mohrrübe aus dem Erdreich herausgedreht worden ist.« Er fügt hinzu, daß er den Gartenjungen nie mehr für langsam halten wird.

»Der Verteidigungskrieg, den wir seit vier Jahren so erfolglos gegen die Natur führen, hat uns mehr über das Gärtnerhandwerk gelehrt, als wir jemals gewußt haben ... in Sachen Unkraut haben wir unsere Erfahrungen enorm erweitert ... angesichts der wilden Ausschweifungen der Natur, ist es ein Triumph für den Gärtner, wenn überhaupt eine Blume gedeiht.«

Vita hat ebenfalls über ihren Krieg gegen das Unkraut geschrieben, allerdings stilvoller in Versen:

> In des Gärtners beharrlichem Krieg,
> in dem der Mensch nicht immer siegt,
> mühten wir uns nach Kräften und kämpften,
> als Feinde von Unkraut und Flügelvolk:
> zwischen würgenden Winden und Heeren
> von Krähenfuß, zwischen Rosenschlingen,
> wuchernde Dornen, die Hände versehren.

Doch noch tobte der wirkliche Krieg, und mehr als einmal war Sissinghurst in ernsthafter Gefahr, ein Opfer der Bomben zu werden:

»Unser Radio ist nicht in Ordnung, und als Viti und ich (während eines Angriffs) daran herumspielen, pfeift es in der Luft, dann gibt es zwei Explosionen, die das Cottage erschüttern. Wir öffnen die Tür und sehen draußen ein weißes, strahlendes Licht, das bald in Rot übergeht. Wir treten in den Rosengarten hinaus und sehen ein riesiges Feuer, dort wo die Hammer Brook-Brücke zu sein scheint. Währenddessen saust die Feuerwehr mit dröhnenden Sirenen die Straße entlang. Mrs. Staples[26] kommt und erzählt uns, daß es ein deutscher Bomber war, der in Flammen abgestürzt sei und den Turm nur um ein paar Meter verfehlt hätte. Es steht außer Zweifel, daß dieser Teil von Kent besonders gefährdet ist, und ich sorge mich um meine liebe Viti.« (Harold Nicolson, Tagebuch 20. Januar 1944)

»Ein feindliches Überfallflugzeug wurde gestern Nacht zerstört. In der Tat. Ich dachte, es würde dabei Sissinghurst Castle zerstören. Es hatte mehrmals Alarm und wieder Entwarnung gegeben (dreimal, um genau zu sein), und dann kam ein einzelnes Flugzeug mit plötzlichem Maschinengewehrfeuer heran, so nah, daß ich vom Bett aufsprang und in Dein Schlafzimmer rannte, um aus dem

[26] Die Köchin von Sissinghurst. Der Bomber stürzte in Three Chimneys ab, zweieinhalb Kilometer entfernt, ließ jedoch eine Bombe fallen, die in ein Feld unmittelbar neben dem Garten einschlug. Die deutsche Besatzung wurde am nächsten Tag vollständig von der regionalen Home Guard gefangengenommen.

Fenster zu sehen; und da war jenseits der Rosen ein Schwall von scharlachroten Leuchtspurgeschossen zu sehen, die in den Himmel hineinsausten sowie ein Flugzeug in Flammen, das offenbar gerade auf Beales Viehhof zusteuerte.« (Vita Sackville-West, 13. Juni 1944)

Ben und Nigel, die beide im Krieg kämpften, wurden von ihrem Vater immer wieder brieflich von ihren Sorgen abgelenkt:

»Mami verabscheut Leitern. Sie bildet sich ein, ich müßte den Fuß der Leiter in einer Rille im Boden befestigen, damit sie nicht seitlich wegrutscht. Sie bildet sich ein, wenn die Leiter schräg steht und mein volles Gewicht beim Hinaufsteigen auf den Linden lastet, würde entweder die Leiter oder die Linde nachgeben. Sie bildet sich ein, es wäre sicherer, wenn die Leiter auf ihren Holmen ruhen würde, so daß das Gewicht meines Körpers auf den Sprossen und nicht auf den Bäumen lastet. Ich machte sie vorsichtig darauf aufmerksam, daß die Leiter in einer solchen Stellung den Kontakt mit der Linde verlieren und nach hinten überkippen würde. ›Du verstehst nichts‹, sagte sie. ›Ich kann es nicht erklären, aber es ist so einleuchtend wie die Hydraulik.‹ Letzterer Zweig der Naturwissenschaften gehört nicht zu den Wissensgebieten, in denen Eure Mutter wirklich sattelfest oder auch nur zurechnungsfähig ist. Aber das habe ich ihr nicht gesagt. Ich habe nur erwidert, daß eine Leiter, die senkrecht auf ihren Holmen steht, dazu neigt umzukippen, was äußerst gefährlich ist. Sie sagte, ich sei in physikalischen Dingen ein Schwachkopf. Und ich muß gestehen, daß der Lindengang am Ende aussah, als hätte sich eine Giraffe im Garten verirrt und tüchtig in die Baumkronen hineingehauen.« (Harold Nicolson an Ben und Nigel Nicolson, 27. August 1944)

»Ich war beim See unten, um mich zu vergewissern, ob es dort wüst aussah. Das war jedoch nicht der Fall. Ich bin aus Pflichtgefühl hingegangen. Ich habe alle Freude am See verloren und überhaupt am Wald, seit die Soldaten hier eingefallen sind und ihn all seiner Intimität, die ich so geliebt habe, beraubt haben. Du hast nicht verstanden, warum es mir etwas ausgemacht hat, daß die Panzer die wilden Blumen niedergewalzt haben. Es war etwas Schönes, das seinen Glanz nun für immer verloren hat – eines der wenigen Dinge, die ich vor dieser schrecklichen neuen Welt bewahrt hatte. Ich wünschte, ich könnte Ordnung in meine Gedanken über diese neue Welt bringen. Ich habe das Gefühl, man müßte in der Lage sein, sich anzupassen und nicht darum zu kämpfen, zurück zu einer überholten Tradition zu gehen und in ihr zu leben.

All das macht mich sehr unglücklich.« (Vita Sackville-West, 19. Dezember 1944)

»Ich verstehe, warum Du jetzt so unglücklich bist. Ich glaube, jeder ist in diesen düsteren Tagen zutiefst unglücklich. Teils ist es Kriegsmüdigkeit, teils Traurigkeit darüber, daß die Dinge nicht gut laufen und teils auch konkrete Unterernährung. Aber ich weiß auch, daß Dein Unglück tiefer sitzt. Du verlangst nicht viel vom Leben, aber Du wünschst Dir leidenschaftlich, daß man Deine Privatsphäre, Deine Unabhängigkeit und Ruhe respektiert. Die Panzer im Wald waren wahrhaftig ein Symbol dafür ebenso wie das Schiff, das durch Nachlässigkeit oder tatsächliche Bosheit gesunken ist.[27] Die Welt ist für Leute wie Du und ich zu einem unerbittlichen Ort geworden. [...]

Ach, meine liebe, liebe Viti, wie schmerzt es mich, daß Du unglücklich bist. Wenn sich Menschen gemein oder böse verhalten, dann denke ich an Dich – die Du so heiter und herzlich bist – und alles scheint von selbst wieder ins Lot zu kommen. Neulich habe ich zu Duff [Cooper] gesagt, als er meinte, die Regierung hätte mich seiner Ansicht nach recht schäbig behandelt: ›Ach weißt Du, jemand, der im Leben so glücklich wie ich gewesen ist, hat kein Recht, verbittert über irgend etwas zu sein.‹ ›Du meinst Vita‹, sagte er. Er versteht es.« (Harold Nicolson, 21. Dezember 1944)

Ihren 53. Geburtstag feierte Vita Sackville-West in Harolds Wohnung in London mit einer Dinner-Party. Da der Krieg so gut wie beendet war, hob sie die Verdunke-

[27] Das Ruderboot auf dem Sissinghurst-See war zerborsten gefunden worden.

lung in Sissinghurst auf und nahm ihr Turmzimmer wieder in Besitz.

Es ist ein Schloß an meiner Tür
»Privat« steht unten an den Stufen.
Mein Garten, Fremder, mag dich locken
Und alle Wege stehn dir frei
Doch bleibe fort von meinem Ort
Ich bin zwar scheu doch unerschrocken.

Dieses kleine Gedicht schickte sie Harold und fügte hinzu: »Es stimmt ja gar nicht, daß es *mein* Garten ist. Es ist natürlich Deiner. Du hast ihn geplant. Ich habe nur gepflanzt.«

»Um drei erreicht uns die Nachricht, daß Deutschland sich gezwungen sehe, bedingungslos zu kapitulieren, vernichtet von der überwältigenden Macht seiner Feinde. Ben und ich stürzen los, um es Vita zu erzählen, die gerade im Hof ist. Alle drei klettern wir die Turmtreppen hinauf, binden die Flagge ans Seil und hissen sie in der lauen Süd-West-Brise. Stolz und fröhlich prunkt sie dort nach den fünf Jahren unter Verschluß.« (Harold Nicolson, Tagebuch 7. Mai 1945)

1945 – 1962

Im Laufe des Jahres 1945 kehrte zuerst der Chauffeur Jack Copper und später auch der Obergärtner Jack Vass zurück: »Ich bete zu Gott, daß Vass stark und gesund bleibt, wenigstens bis er achtzig ist«, schrieb Vita und fügte hinzu: »und daß er nie durch einen anderen Garten in Versuchung geführt wird.«

Dem Garten, der während des Krieges zwangsläufig arg vernachlässigt worden war, widmete sie nun wieder alle Energie.

1946 erschien ihr langes Gedicht *The Garden*, für das sie mit dem Heinemann-Preis geehrt wurde. Das Preisgeld von 100 Pfund wurde umgehend in Azaleen für den Grabengang angelegt und im Obstgarten pflanzte Vass Tausende von Narzissen. In Bodnant, einem in Nord-Wales gelegenen Ort, hatten Lord und Lady Aberconway ebenfalls einen bedeutenden Garten geschaffen, in dem sich Vita Anregungen holte, während Harold wieder seiner Leidenschaft frönen konnte, indem er Blumenausstellungen besuchte.

»Ich bin gestern zur Blumenschau gegangen. Mir ist dort kein einziger *Cheiranthus* (Goldlack) untergekommen. Die Moden kommen und gehen eben, und die Gärtner konzentrieren sich nur auf das Modische und vernachlässigen alles andere. Es war also nichts an Krautgewächsen da, mit Ausnahme von Rittersporn. Die Azaleen waren nicht schön, die Rhododendren zwar schon, aber nicht auf Bodnant-Niveau und die Alpenpflanzen nicht besser als unsere. Ich habe wirklich wenig gesehen, was meinen Neid erregt oder mich gereizt hätte. Aber es gab eine Menge schöner Tulpen. Ich füge die Liste jener bei, die ich bestellt habe. Wenn Du »24« oder »drei Dutzend« liest, reg Dich bitte nicht auf. Das bedeutet, daß die eine Hälfte für mein Lebenswerk[28] und die andere für Mars [Vitas Kosename] Garten ist. Die Papageientulpen waren wirklich wundervoll, emailliert wie Battersea-Porzellan. Außerdem gab es dort den prächtigsten Rittersporn, den ich je gesehen habe – in herrlichem Blaßblau mit einem Schuß Dunkelviolett. Er war teuer. 30 pro Pflanze. Aber ich habe zwei davon als Geburtstagsgeschenk bestellt, und wir können Samen davon nehmen.

Es macht mir Spaß, das Geld auf diese Weise auszugeben. Denn ich glaube, wir sollten vor unserem Tod Sissinghurst zum schönsten Garten in Kent machen. Und das können wir erreichen, indem wir immer bessere Sorten der Arten bekommen, die wir mögen. Es ist nicht gut,

[28] Der Lindengang oder Frühlingsgarten in Sissinghurst .

etwas auszuprobieren, mit dem wir dann nicht weitermachen. Rhododendren sind für uns wie korpulente Börsenmakler, die wir nicht zum Essen bei uns haben wollen. Doch gibt es einiges, was zu Sissinghurst paßt, und das sollten wir verbessern, verbessern und wieder verbessern, bis zur Perfektion.« (Harold Nicolson, 15. Mai 1946)

Vita und Harold, die einander zärtlich zugetan waren und sich ständig gegenseitig ihrer Liebe versicherten, prallten mit ihrem unterschiedlichen Temperament nur dann aufeinander, wenn es um den Garten ging:

»Am Nachmittag schlendere ich mit Vita umher und versuche sie zu überzeugen, daß die Planung Teil des Gärtnerhandwerks ist. Ich möchte ihr beweisen, daß der obere Teil der Grabenmauerböschung mit Vorbedacht und Planung bepflanzt werden muß. Sie möchte dort einfach nur alle Reste hinstecken. Das Tragische an romantischen Naturen ist, daß sie die Form verabscheuen und somit den Gesamteindruck vernachlässigen. Sie möchte dort etwas haben, das ›im Herbst eine schöne rötliche Färbung hat‹. Ich will etwas haben, was dem Gesamtbild dort Gestalt verleihen wird. Am Ende trennen wir uns, nicht freundschaftlich.

Was hatte ich doch für herrliche Weihnachtsferien! So ruhig, beschäftigt und fruchtbar. Ben und Niggs amüsieren sich über unsere Häuslichkeit, sind aber, denke ich, dankbar für ein gemütliches Heim, bewundernde Eltern und die Gelegenheit, ungestört arbeiten zu können. Viti und ich amüsieren uns auch über sie, und wir haben sie so gern.« (Harold Nicolson, Tagebuch 29. Dezember 1946)

»Sissinghurst ist schön. Der Frühlingsgarten hat seine frühe Blütenpracht hinter sich. Die Forsythien sind verblüht, und die Schlüsselblumen lassen ein wenig die Köpfe hängen. Doch noch nie habe ich die blühenden Bäume so wundervoll gesehen. Der Obstgarten quillt über vor Blüten.« (Harold Nicolson, Tagebuch 9. Mai 1947)

»Nein Liebling, was die Azaleen angeht, bin ich nicht Deiner Meinung. Und warum? Zum einen, weil ich nicht das Gefühl habe, daß die Azaleen überhaupt Sissinghurst-Pflanzen sind. Es sind Ascot- oder Sunningdale-Pflanzen. Nichts für unser lieblich-romantisches, angelsächsisch-römisches Tudor-Kent. Ich weiß, Du wirst mit Recht einwenden, daß dann auch die Magnolien nicht hierher passen. Aber Du weißt schon, was ich meine. Alles Spießbürgerliche sollte vermieden werden. Zum anderen dachte ich, wir wollten etwas gut Strukturiertes schaffen. Du hast die Mauer, Du hast die Dionysos [-Statue], Du hast das kurzgemähte Grasband, und Du hast die Böschung; und dort oben wollte ich etwas, das sich von der Böschung und vom Nußgarten abhebt, eine Scheidewand zwischen der förmlichen Grabenmauer und dem verhältnismäßig zwanglosen Nußgarten. Ich hätte dort lieber eine Reihe steifer, irischer Eiben als eine Azaleenwildnis.

Aber wir finden schon noch etwas. Es ist ein sehr wichtiger Platz.«[29] (Harold Nicolson, 22. Juli 1947)

Im Juni 1948 besuchten sie durch einen absurden Zufall dieselbe Blumenschau unabhängig voneinander und schrieben sich am nächsten Tag ihre Ansichten darüber, wobei sich ihre Briefe kreuzten. Ihre Meinungen stimmten erstaunlich überein. Für beide waren bestimmte Pfingstrosen und Nelken die schönsten Blumen der Schau. (Typisch für Vita war, daß sie den Riesenrittersporn nicht mochte: »Als würde man in eine Halle voller Pfaue mit aufgeschlagenem Rad treten, aber sie haben keinerlei Verlangen in mir hervorgerufen: sie sind zu künstlich.«) Harold hatte Nelken und Islandmohn bestellt und mußte sich rechtfertigen: »Ich war mir so sicher, daß Du nicht auf die Blumenschau gehen würdest, daß ich unseren Pakt gebrochen und auf eigene Faust bestellt habe … meine Entschuldigung ist, daß Du Dein ganzes Geld für den Garten ausgegeben hast und ich die Freude daran habe. Deshalb bestelle ich gerne selbst und bekomme auch die Rechnungen.«

[…] »Viti und ich gehen nachher noch hinaus. Wir haben fast Vollmond und einen windstillen, wolkenlosen Him-

29 Harold konnte sich nicht durchsetzen. Die Böschung wurde mit Azaleen bepflanzt, und unterhalb davon durften wilde Glockenblumen blühen.

mel. Der Turm ragt zart und erhaben empor. Wir gehen zum Wassergraben hinunter. Rollo [ein junger Schäferhund] rutscht hinunter, um zu trinken und silberne Kreise zu bilden. Alles ist so wunderschön, so ruhig und sanft.« (Harold Nicolson, Tagebuch 17. September 1948)

[...] »Einen vollkommenen Tag haben wir heute. Heiß wie im Sommer und Du da inmitten der Trümmer. Wie Du das alles hassen mußt; ich weiß, wie sehr es Dich bekümmert. Ach, Hadji, wie sehr wünschte ich, Du wärst hier und nicht in Berlin! Wo die ganze Welt ein einziges Durcheinander ist, klammere ich mich mehr und mehr an die Heiterkeit und das Glück von Sissinghurst und unserem Leben – unserer Lebensweise, die wir uns aufgebaut haben.« (Vita Sackville-West, 26. September 1948)

»Was für einen kalten, herrlichen Morgen hatten wir heute. Ich bin auf dem Bahnsteig in Staplehurst auf und ab gelaufen (mein Zug hatte wegen Nebel an der Küste Verspätung) und sah mir die gefärbten Blätter an. Ich dachte bei mir, was für eine wichtige Rolle doch die Natur in meinem Leben gespielt hat. Die Schönheit meiner ganzen Welt in Kent, vor allem Sissinghurst, bereitet mir eine tiefe Freude. Ich bin sicher, wir haben es richtig gemacht. Sissinghurst hat eine Art von Wärme, von Zurückgezogenheit, eine unerschütterliche Würde – und gerade das wollten wir erreichen und haben es in mancher Hinsicht aus Zufall erreicht. Ich glaube, das ist vor allem auf die Folge von Privaträumen zurückzuführen: der Vorhof, der erste Bogen, der Haupthof (obere Hof), der Turmbogen, der Rasen (untere Hof), der Obstgarten. Eine ganze Reihe von Fluchten aus der Welt, die den Eindruck einer einzigen großen Flucht vermitteln.« (Harold Nicolson, 26. Oktober 1948)

»Mein Lieber, an diesem Abend hatten wir so einen schönen, prächtigen Sonnenuntergang – der Wald sah aus wie ein Gobelin, ganz in Braun- und Grüntönen, und die Pappeln auf dem Seeweg glänzten golden. Und es gab noch eine Zugabe zu dem Zauber, weil die Hebridenschäfchen um die große Eiche hüpften. Sie tollten im Kreis herum, eines hinter dem anderen, und manchmal versuchten sie, den Eichenstamm hochzulaufen, fielen wieder hinunter, tanzten erneut um ihn herum und stießen sich ab und zu mit den Köpfen. Sie spielten dieses Spiel ganz unbefangen – wie bei den Griechen, in einer Idylle oder wie auf einem Fries – und merkten nicht, daß ich ihnen zusah; es erinnerte mich an Keats und die griechische Urne, nur daß keine Urne da war, bloß unsere Sissinghurst-Felder und der Wald dahinter.

Wie glücklich – überglücklich – war ich über diesen kurzen Augenblick, an dem die Zeit stillstand. Ich war so ungeheuer glücklich, daß ich Dir davon erzählen mußte – um es mit Dir zu teilen. Deine Mar« (Vita Sackville-West, 9. November 1948)

»Ich glaube nicht, daß Viti abends müde ist. Aber sie bemüht sich so sehr, alles vor mir zu verheimlichen, was mich beunruhigen könnte. Ich hatte vergessen, die Blumen für London zu pflücken und bin im Mondschein in den Obstgarten gegangen. Rollo sauste in großen, übermütigen Kreisen umher und schnappte nach Narzissen. Ich pflückte die, nach denen er gebissen hatte sowie ein paar Forsythienzweige am Wassergraben. Es ist so ruhig und schön, der Wind hat sich gelegt. Vom Ende des stillen Grabens aus kann ich das Licht in Vitis Zimmer sehen.« (Harold Nicolson, Tagebuch 10. April 1949)

[...] »Nach dem Sonnenuntergang steige ich den Turm hinauf, um die Fahne einzuziehen. Der Westen glüht rot, und ganz Kent liegt unter mir, in goldenes Licht getaucht. Der Garten sieht von oben besonders herrlich aus – Unmengen von Blüten und Narzissen unter den dunklen Eiben. Es ist wahrhaftig ein überaus schöner Garten – so vielfältig, ruhig und abgeschlossen. Es ist ein Garten, um den ich jemanden beneiden würde, gehörte er jemand anderem. Und diese Ruhe spiegelt mein tiefes *soulagement* wider, daß sich Vitas Gesundheit gebessert hat. Ich war so beunruhigt, seit sie aus Spanien zurück ist.« (Harold Nicolson, Tagebuch 17. April 1949)

Zehn Jahre nachdem Vita die Idee zu einem Weißen Garten entwickelt hatte, griff Harold sie wieder auf:

»Ich hoffe wirklich, daß Du bei der ursprünglichen Idee bleibst und das Rittersspornbeet in Grau und Weiß hältst und nicht zu sehr ins Blau abweichst. Außerdem sollte es ein Juligarten werden, der blüht, wenn die Rosen nicht mehr so schön sind. Ich stelle mir Unmengen von Aschenpflanzen, Unmengen von Eselsohr, viele Eberrauten und etwas Heiligenkraut vor – wobei der Hintergrund überwiegend in Grau gehalten ist. Aus diesem Urwaldwuchs sollen Königslilien herausragen. Ich weiß, das bedeutet, wir müssen jedes Jahr Königsliliensamen zurückbehalten und sie in Töpfen ziehen. Aber das ist keine allzu große Mühe, und wenn erst mal die Wachstumskette in Gang gebracht ist, spielt es keine Rolle mehr, wie viele der alten Zwiebeln eingehen. Also, auch wenn ich ein oder zwei Tupfer *Anchusa* (Ochsenzunge) oder sonst etwas Blaues unter dem ganzen Weiß und Silber begrüßen würde, so hoffe ich doch, daß Du fest bei Deinem grundlegenden Farbplan bleibst. Sonst sieht es aus wie jede andere Blumenrabatte auch.« (Harold Nicolson, 15. Juni 1949)

»Ich bin mir nicht sicher, ob wir den Erechtheum-Garten nicht doch ganz in Grau und Weiß halten sollten. Dann wäre er das ganze Jahr über schön. Das würde Millionen von Ablegern erfordern, aber ich denke, die Mühe lohnt sich, und 1951 werden sie zu angemessen hohen Pflanzen herangewachsen sein. [1951 sollte eine britische Gartenausstellung stattfinden] Wir sprechen noch darüber. Das würde bedeuten, die *Night*-Rosen für einen weiteren Sommer dort zu lassen, sonst würde es allzu leer aussehen. Also müssen wir das Jahr 1951 zum Jahr unseres Triumphes ausersehen.« (Vita Sackville-West, 5. Juli 1949)

»Ich bin einer Meinung mit Dir, daß der Erechtheum-Garten ganz in Grau gehalten werden soll. Für das nächste Jahr müssen wir die *Night*-Rosen lassen wo sie sind und Graues um sie herum pflanzen. Wir werden auch schon dieses Jahr riesige Mengen von Königsliliensamen brauchen, auch wenn daraus bis 1952 keine großen Zwiebeln werden. Wir müssen das sorgfältig durchdenken. *Etwas* Farbe wird doch vonnöten sein. Ich neige zu dem Rosa der Bengalrosen. Du siehst gelb vor. Gelb soll mir auch recht sein, mir scheint, es ist origineller, außerdem hast Du bei Farben den besseren Geschmack. Die großen, blaß-gelben Dinger im Bauerngarten (Abendschlüsselblumen?) würden sich da bestimmt sehr gut machen. Es muß Blaßgelb sein – nichts schreiend Grelles. Hier und da vielleicht ein paar gelbe Rosen. Aber alles gedämpft. Wir müssen darauf hinarbeiten, daß es 1951 gut aussieht.« (Harold Nicolson, 6. Juli 1949)

In einem Artikel für den *Observer* beschrieb Vita Sackville-West, wie sich der Leser und sie selbst einen einfarbigen Garten vorstellen sollte:

»Ich hoffe, Sie sehen ein flaches Meer von grauem Blätterwerk vor sich, aus dem hier und da hohe weiße Blumen ragen. Ich habe die weißen Trompeten Dutzender von Königslilien vor Augen, vor drei Jahren gesät, die durch den grauen Teppich von Eberraute, römischem Wermut und Heiligenkraut stoßen, umrahmt von Pflanzen wie Mrs. Sinkins-Nelken und dem Silbergewirr der *Stachys lanata*, landläufig treffender und schöner Eselsohr oder Wollziest genannt. Dort werden weiße Stiefmütterchen und Pfingstrosen wachsen, weiße Schwertlilien mit ihren grauen Blättern … wenigstens hoffe ich, daß dies alles dort einmal wachsen wird. Ich möchte nicht vorzeitig mit meinem grau-grün-weißen Garten prahlen. Vielleicht wird es ein schrecklicher Reinfall. Ich wollte nur andeuten, daß es sich lohnt, solche Experimente zu wagen, und daß Sie sie nach Ihrem eigenen Geschmack und Ihren Möglichkeiten gestalten können.

Dennoch hoffe ich sehr, daß im nächsten Sommer in der Dämmerung die graue, gespenstische Schleiereule schweigend über einen bleichen Garten gleiten wird – über den bleichen Garten, den ich jetzt, unter den ersten Schneeflocken, bepflanze.«

Diese und andere ihrer Gartenkolumnen brachten Vita Berge von Post mit Fragen und Ratschlägen ins Haus, und manche schrieben ihr, daß sie nur wegen ihrer wöchentlichen Beiträge den *Observer* lasen.

Doch der Weiße Garten, der bis heute zu den schönsten der Sissinghurstschen Gartenzimmer zählt, nahm allmählich Gestalt an.

»Es ist der traumhafte Tag geworden, den wir erwartet haben. Ach, ich wünschte, Du wärst hier! Ich bin in den Frühlingsgarten gegangen, und alle Deine Blümchen haben an meinem Herzen genagt und gezerrt. Ich liebe Dich so, Hadji. Es ist ganz simpel: Ich liebe Dich so. Einfach so.

Ich freue mich auf die Wochen, in denen Du hier sein wirst, vollgesogen wie eine Biene und für ein Weilchen bleibst, wo Du bist.« (Vita Sackville-West, 7. März 1950)

Im Herbst 1950 reisten die Nicolsons über Frankreich nach Italien. Im Col d'Iseran sammelten sie Enzian-Samen und auf dem Weg nach Lucca gruben sie wilde Alpenveilchen aus, um sie zu Hause einzupflanzen. Schon zu ihren frühesten Reisen durch Persien und mit wem und wo immer sie hinreiste, hatte es Vita sich zur Angewohnheit gemacht, Pflanzen auszugraben, um ihre jeweiligen Gärten damit zu bereichern. Um die Wurzeln feucht zu halten, steckte sie sie in ihren Toilettenbeutel zu dem nie ganz trockenen Schwamm, und für Ableger hatte sie stets eine rohe Kartoffel dabei. In ihren Gartenartikeln warnte sie ihre Leser es ihr gleichzutun und nannte das Ausgraben wilder Pflanzen Vandalismus, während sie ihre eigenen Aktionen als »Rettung« bezeichnete, wenn sie weiße Veilchen oder rosa Anemonen in die »Sicherheit« ihres Gartens brachte.

1948 hatten die »Shillings«, wie Vita die Gartenbesucher nannte, pro Woche immerhin ein paar Pfund eingebracht; 1951 kam sie schon auf 550 Pfund pro Jahr und der

Besucherstrom riß nicht ab. Immer mehr wollten die Arbeit der *Observer*-Autorin sehen. »Ich glaube, daß wir hier etwas erschaffen haben, etwas Liebliches und Friedliches ist unter unseren Händen aus der Verwahrlosung entstanden«, schrieb Vita an Harold. Am 20. Juni 1951 notiert sie in ihrem Tagebuch: »Bis 10.00 Uhr abends mit Harold im Weißen Garten gesessen. Wir planen immer mehr Verfeinerungen für ihn, der sich gut macht. Die Königslilien wachsen sehr schnell. Die Kletterrose im Mandelbaum ist zu schön.« Kein Wunder, daß Harold nach den Wochenenden immer weniger gern nach London zurückfuhr:

»Es war ganz und gar nicht schön, unseren Garten an einem so herrlichen Tag verlassen zu müssen, an dem er in all seiner ruhigen Herrlichkeit erglüht. Ich bin einer Meinung mit Dir, wir haben bestimmt etwas von großer Schönheit geschaffen, und die ganze Mühe, die Du Dir gemacht hast, hat sich gelohnt. Wir dürfen nicht innehalten. Der heutige Garten ist eine außerordentliche Leistung, aber wir müssen ihn zum schönsten in ganz England machen. Wir haben das Skelett und viel Fleisch. Jetzt müssen wir exzellente Kosmetik hinzufügen, hübsche Kleider und außergewöhnlichen Schmuck. Ich habe keinerlei Angst, daß Du Dich in Sachen Geschmack irren könntest. Ich bin überzeugt, daß Du unbarmherzig genug bist, um alles zu beseitigen, was nicht gut aussieht oder sich nicht gut macht (Paulownie? Trompetenbaum?). Jedenfalls haben wir uns auf ein gewaltiges Werk gestürzt, und es wird uns ein Trost für unser Alter sein.« (Harold Nicolson, 3. Juli 1951)

»Ich möchte am Sonntag nicht auswärts essen. Ich bin gern allein mir meiner guten alten Holländer-Hacke und beim Pflanzen von Holländerzwiebeln im Schlamm. Ich genieße es, an diesem ›merkwürdigen, schönen Ort, an dem Du lebst‹[30] ungestört zu bleiben.« (Harold Nicolson, 18. Oktober 1951)

»Ein echter Frühlingstag mit trällernden Vögeln und kleinen Nasen, die aus der Erde lugen. Ich wende den Blick ab von so unklugem, unzeitgemäßem Vorwitz. Wir tauschen Weihnachtsgeschenke aus. Vita bekommt von mir ein paar Badehandtücher (die mir gefallen, ihr aber nicht), ein paar Sherrygläser (die sie auch nicht mag) und eine neue Ausgabe des *Larousse* (die sie verabscheut). Keine erfolgreiche Bescherung.« (Harold Nicolson, 25. Dezember 1951)

»Gartennotizen« nannte Vita Sackville-West ihr Buch, in dem sie ihre Gartenpläne quasi als Selbstdialog eintrug. Pflanzen, die sie bestellen wollte, listete sie samt den Preisen auf; Pflanzen, die versetzt werden sollten, wurden mit

[30] Ein Satz aus einem Brief, den V. S-W. von Jacquetta Hawkes [später Mrs. J. B. Priestley], die in Sissinghurst zu Besuch gewesen war, bekommen hatte.

neuem Standort notiert, und sie vermerkte, warum ein Umzug vonnöten war. Ihre Notizen zeigen, was für eine Perfektionistin sie war, aber auch wie flexibel der Garten gehandhabt wurde.

»*Leonie Lamesch* verpflanzen. Sie verträgt sich nicht mit der *Rosa mundi*. Sie bei den Rosen *Mutabilis* und *Pinocchio* einsetzen.« »Die kleinen Veilchen mit den dunklen Blättern verteilen und aufstocken! *Ornithogalum nutans* (Milchstern) besorgen. Das wäre besser für Delos. Üppiges Blattwerk, schön zum Pflücken.« »Obstgarten: mehr Narzissen als Saum für den gemähten Hauptweg nötig.« »Ein paar der *Primula florindae* (Tibetprimel)-Sämlinge vom Löwenteich in den Nußgarten versetzen oder unten an der Azaleenböschung, wo es feucht. ist.« »Den weißen Thymian aus dem Thymianbeet nehmen. Im grau-grünen Garten einpflanzen und ihn durch soviel guten *roten* Thymian ersetzen, wie wir nur erübrigen können; mit purpurnem auffüllen.« »Die *Sir Cedric Morris*-Sämlinge umpflanzen – sie sind wertlos, mit Ausnahme der bronzefarbenen, die ich gekennzeichnet habe. Sie in kleinen Gruppen isoliert oben an der nördlichen Grabenmauer einpflanzen, denn sie haben nicht *alle* dieses Jahr geblüht, und vielleicht lohnt es sich doch noch, etwas davon aufzuheben. Das kleine Ensemble bei der *Rosa paulii* arrangieren. Da sie eine Lücke zurücklassen werden, sie durch *Variegata di Bologna* ersetzen – eine bauschige Rose. Sowohl Hillier's als auch Murrell [Samenhandlungen] haben sie – ebenso eine weitere *Rosa Gallica complicata.* Salonika-Lilien unter sie streuen?«

Unter allem, in roter Tinte, mit fester Handschrift, das Wort ERLEDIGT.

Sissinghurst im Sommer zu erleben ist schlicht traumhaft, aber wenn man bedenkt, daß die Nicolsons täglich, allein um zu essen, mehrmals den Garten durchwandern mußten (vom South Cottage zum Priest's House), dann versteht man, daß viele ihrer Freunde ihre Lebensweise für nicht komfortabel befanden.

»Meine allerliebste Mar,
was für einen Sturm wir hatten, der Regen lief nur so die Ziegel hinunter – aber ich war so glücklich mit meinem Heim, meinem Liebling und mit Ben. Ich weiß, daß Sissinghurst für Außenstehende als trostloser, verfallener Ort erscheinen mag, aber für mich ist es heimelig, warm und gemütlich, eine Oase des Friedens.« (Harold Nicolson, 3. November 1953)

1954 mußten für die Besucher des Gartens öffentliche Toiletten installiert werden; der Andrang war so groß, daß es sogar zu Verkehrsstauungen kam, und die »Shillings« brachten ihnen 1394 Pfund ein.

»Der Herausgeber von *Gardening Illustrated* möchte einen Artikel über unseren Garten bringen. Das ist nett von ihm, und außerdem will er den Beitrag auch in ein Buch aufnehmen, das er für *Country Life* macht. Es ist *wirklich* komisch, daß unser geliebter Garten nun seinen Platz unter den bekanntesten Gärten von England einnehmen soll, nicht wahr? Ach, könnten wir doch die letzten zwanzig Jahre noch einmal erleben! Wir würden keinerlei strukturelle Änderungen vornehmen, aber ich würde rückwirkend gerne eine Menge an der Bepflanzung ändern. Dieser schreckliche Garten.« (Vita Sackville-West, 16. März 1954)

»Dieser schreckliche Garten« war eine von Vitas stehenden Redewendungen. Wenn sie mit Harold Nicolson durch den Garten ging, wies sie auf die Lücken und Schwächen der Anlage und sagte dann »dieser schreckliche Garten«, als hätte er sie im Stich gelassen. Aber sie fand ihn natürlich überhaupt nicht schrecklich.

»Morgen ist ein Festtag. [Ihr Hochzeitstag] Wie wenig war mir oder Dir bewußt, als wir an jenem Oktobertag in Knole sagten ›bis daß der Tod uns scheide‹, daß das ganz und gar der Wahrheit entsprechen würde. Was sollte ich überhaupt ohne Dich anfangen? Was sollte ich da tun? Ich wäre so einsam wie eine Maus in Santa Sophia. Nichts als Weite und Leere um mich herum. Aber ich glaube, man tut gut daran, nicht über derartigem Unglück zu brüten, besser von Tag zu Tag zu leben und dankbar für jeden Abend ohne Mißgeschick zu sein. So kann man einen

Vorrat an Glück anhäufen, von dem man zehren kann, wenn es dunkel und kalt ist.« (Harold Nicolson, 30. September 1954)

»H. sagt, daß Nigel bei ihm vorgefühlt hat, ob ich es jemals in Erwägung ziehen würde, Sissinghurst dem National Trust zu übergeben. Ich sagte, niemals, niemals, niemals! *Au grand jamais, jamais*. Niemals, niemals, niemals! Nicht diese strenge, kleine Metalltafel an meiner Tür. Nigel kann nach meinem Tod tun, was er will, aber solange ich lebe, wird kein National Trust oder sonst eine Institution meinen Schatz bekommen. Nein, nein. Nur über meine Leiche oder meine Asche. Nein, nein. Ich fühlte, wie ich vor Wut rot anlief. Es ist schon schlimm genug, daß ich mein Knole verloren habe, aber Sissinghurst werden sie mir nicht wegnehmen. Das zumindest gehört ganz mir. *Il y a des choses qu'on peut pas supporter.* Sie werden nicht, sie werden nicht, ich werde nicht. Sie können mich nicht dazu zwingen. Ich werde es nicht tun. Sie können mich nicht zwingen. Ich würde es niemals zulassen.« (Vita Sackville-West, Tagebuch 29. November 1954)

In seiner Einleitung zum dritten Band der Tagebücher und Briefe Harold Nicolsons schrieb sein Sohn Nigel 1967:

»Meine Mutter hinterließ das Schloß mir und das andere Eigentum meinem Bruder Ben. Kurz darauf trat ich in

Verhandlungen, um Sissinghurst dem National Trust zu überschreiben, was am 13. April 1967 geschah. Wenige Monate vor Abschluß der Verhandlungen hatte ich den Tagebucheintrag vom 29. November 1954 noch nicht gelesen. Obwohl ich erschüttert davon war, glaube ich nicht, daß ich anders gehandelt hätte, wenn ich ihn früher gelesen hätte. Sie brachte dem National Trust große Achtung und Sympathie entgegen. Sie gehörte viele Jahre lang seinem Garten-Ausschuß an, und Harold Nicolson war Vizevorsitzender des Vorstands. Ihre empörte Ablehnung der Vorstellung, daß Sissinghurst zu ihren Lebzeiten an den Trust übergehen sollte, geht nicht auf eine feindselige Haltung dem Trust selbst gegenüber zurück. Sie beruhte auf ihrem Sinn für Familie, Privatsphäre und Besitztum. Knole war ihr, wie sie meinte, durch eine überholte Erbschaftsgesetzgebung entrissen worden: es war den Sackvilles ›weggenommen‹ worden (obwohl die Sackvilles es hergegeben hatten) und einer öffentlichen Vereinigung übertragen worden. Sissinghurst gehörte ihr. Sie hatte es gekauft, gerettet und aufgebaut. Obwohl sie den Garten bereits 1941 für die Öffentlichkeit zugänglich gemacht hatte, sollte keine ›strenge, kleine Metalltafel an meiner Tür‹ verkünden, daß Sissinghurst denselben Weg wie Knole gegangen war. Für mich stellte sich die Sache anders dar. Mein Hauptwunsch und meine Pflicht bestanden darin, zu retten, was sie und mein Vater geschaffen hatten, diesen Garten auf ewig zu bewahren, der zusammen mit ihren Büchern das

Vermächtnis ihrer Phantasie ist. Wenige Privatgärten dieser Größe können bei heutigen wirtschaftlichen Verhältnissen überleben. Es war eine Wahl zwischen der allmählichen Rückverwandlung in die Kohlkopffelder, aus denen er entstanden war und der nominellen Übergabe an den National Trust. Ich habe mich, ohne zu zögern, für die zweite Alternative entschieden.«

[...] »Ach, meine Liebste, wie herrlich war das, als wir gestern nacht in den Obstgarten gegangen sind! So ruhig. So mild, und die Enten kamen uns nach, und meine liebe, dumme Fanny [eine Ente] ist zurückgekommen! Was für ein Glück hat Dir und mir doch der Garten bereitet – ich meine wahrhaftige, tiefe Befriedigung und das Gefühl des Erfolgs. Es ist schon eine Leistung – ganz sicher. Und es ist ein schönes Gefühl, daß wir ein Kunstwerk geschaffen haben. Es ist wirklich allein Dein Verdienst. Ich habe mich nur mit Lineal und Papier betätigt.« (Harold Nicolson, 24. Mai 1955)

Mit dreiundsechzig Jahren wurde Vita Sackville-West, die sogar noch einen Fernkurs für Gartenbau belegt hatte (deren Prüfungsbogen sie wöchentlich gewissenhaft ausfüllte und zur Korrektur zurücksandte), mit der Veitch-Goldmedaille der Royal Horticultural Society ausgezeichnet:

»Aber ich *weiß* doch über die R.H.S.-Medaille in Gold Bescheid. Ich weiß, daß sie zu den höchsten Auszeichnungen gehört, die man in der Sträucherwelt bekommen kann. Als würde man ein *Fellow of All Souls* werden. Aber es ist töricht von Dir, zu behaupten, das hättest Du den *Observer*-Artikeln zu verdanken. Sie mögen geholfen haben, denn man weiß, daß sie allesamt aufschlußreich waren und einen weitreichenden, nachhaltigen Einfluß ausgeübt haben. Aber mein Liebling ist tatsächlich eine sehr, sehr gute Gärtnerin, und sie hat Sissinghurst so klug und gut bepflanzt. Ich kann mich nicht erinnern, daß ich mich über etwas so sehr gefreut habe, seit Du Deinen C. H. (Companion of Honour) bekommen hast und ich ins Balliol aufgenommen wurde. Es ist viel Zeit vergangen, seit Du und ich eine blühende Schlüsselblume ausgegraben und sie in die Böschung in Long Barn gesteckt haben.« (Harold Nicolson, 16. November 1955)

Nach *Gardening Illustrated* entdeckten auch andere Zeitschriften Sissinghurst. Die *Vogue* brachte einen Bildbericht, viele andere zogen nach, und besonders erpicht waren die Photographen natürlich darauf, die exzentrischen Bewohner des Schlosses vor die Kamera zu bekommen.

»Ein ensetzliches Weib ist bei uns hereingeplatzt«, schrieb Harold Nicolson Mitte der 50er Jahre. »Ich bleibe hart. Aber die warmherzige Vita gibt nach. Sie nennt das ›höflich sein‹. Ich jedenfalls weigere mich, fotografiert zu werden und ziehe ab zum Unkrautjäten. Ich jäte und grummele unter einer Forsythie vor mich hin, als ich merke, daß sie mit ihrer Kamera hinter mir steht. Alles, was sie fotografiert haben kann, war ein großer flanellgrauer Hosenboden.«

»Wie schade – der Mai geht zu Ende und was für ein prächtiger. Ich bin gestern zwischen 19 Uhr und 19 Uhr 25 durch den Garten gegangen und habe die Schönheit des Sonnenuntergangs und die sanften Lichter, die über Weald in Richtung Downs glitten, tief in mich aufgesogen. Ich hatte das Gefühl, daß kein Garten jemals so schön wie unserer gewesen ist, kein Mai so schön wie dieser, keine Ente jemals so viel Persönlichkeit hatte wie Fanny und niemand jemals so von Liebe und Glück übermannt wurde wie ich. Mich überkam eine Stimmung UNIVERSALER DANKBARKEIT.« (Harold Nicolson, 29. Mai 1956)

1959 stellte Vita Sackville-West zwei neue Gärtnerinnen ein. Ihre Arthritis hinderte sie zunehmend daran, die Arbeiten auszuführen, die sie für nötig erachtete. Beide spürten sie das Alter.

»Mein lieber Hadji,
ich mußte an diesem Morgen daran denken, wie schrecklich es wäre, wenn Du sterben würdest. Ich denke oft daran, aber es überfiel mich schlagartig, als ich aus dem Badezimmerfenster schaute und Dich in blauem Mantel und schwarzem Hut sah, wie Du in Deine Schöpfkehle starrtest. [Eine Mulde in einem der Pflastersteine, die H.

als Regenmesser benutzte.] Es ist der plötzliche Anblick eines Menschen, der nicht weiß, daß man ihn beobachtet, der einem das Herz umdreht – er sieht dann so unschuldig aus, fast wie ein schlafendes Kind – man hat das Gefühl, in seinem geheimen Leben zu spionieren, von dem man nichts wissen soll. Als würde man gleichsam Vorteil daraus ziehen, auch wenn es nur liebevoll gemeint ist.

Ich denke oft daran, daß ich Dir nie gesagt habe, wie sehr ich Dich liebe, und wenn Du sterben würdest, dann würde ich mir das zum Vorwurf machen: ›Warum habe ich es ihm nie gesagt! Warum habe ich mich ihm nie genügend mitgeteilt?‹

Deine Mar« (Vita Sackville-West, 27. Oktober 1959)

Mit seinen dreiundsiebzig Jahren und nicht mehr bei bester Gesundheit, fuhr Harold fort, die Woche über in London zu sein. Allerdings verlängerte er das Wochenende und reiste erst am Dienstag ab. »Wieder bist Du fortgefahren«, schrieb Vita ihm im November 1959. »Es ist schon ein seltsames Leben, das wir führen – ich hier und Du in London und dann wir beide am Wochenende in unserem wirklichen Heim, glücklich und still und geschäftig. Wenige Leute würden das verstehen, manche glauben sogar, wir stünden kurz vor der Scheidung. Wie falsch sie liegen. Wie falsch.«

1961 erschienen Vita Sackville-Wests letzte Bücher *Weg ohne Weiser* und *Faces*, das war ihr neunundvierzigstes.

Harold Nicolson veröffentlichte dreiunddreißig Bücher, zu denen noch die dreibändige Auswahl seiner Tagebücher und Briefe kam. Während er immer noch die Haupt-Buchrezension für den *Observer* schrieb, beschloß Vita, ihre Gartenkolumne aufzugeben. Fünfundzwanzig Jahre waren genug, befand sie. Und sie bestellte wieder neue Pflanzen und genoß die prominenten Besucher wie Prinzessin Margaret und Cecil Beaton.

»Es war ein traumhafter Tag. Viele Leute sind in den Garten gekommen, aber niemand, den ich kannte. Ich habe die *Fantin Latour* [eine buschige, blaßrosa Provence-Rose], die *Tour de Malakoff* [eine magentafarbene Provence-Rose] und noch ein paar andere in Ordnung gebracht. Ich stelle fest, daß mich die Leute nicht sehen, wenn ich mich im Rosendschungel verstecke. Dann kommen sie nicht her, um mich zu fragen: ›Ob Sie mir vielleicht den Namen eines Strauchs sagen könnten … in einem anderen Teil des Gartens … ich weiß nicht mehr genau, wo … und auch nicht, wie er aussah … aber Sie wissen bestimmt, welchen ich meine?‹« (Vita Sackville-West, 20. Juni 1961)

»Es ist so heiß, und ich denke an Dich in London […]. Währenddessen fahre ich mit meinen belanglosen kleinen Tätigkeiten fort. Ich habe 400 Zwiebeln im Obstgarten eingesetzt (Kaiserkronen, die Du verabscheust, *Narcissus cyclamineus* [Wildnarzissen], die Du magst, *Ornithogalum*

[Milchstern], das eigentlich von allein heimisch werden soll, das ich aber bis jetzt noch nie zum Wachsen bewegen konnte, und *Narcissus* La Riante). Es mag töricht erscheinen, aber wie Voltaire so klug bemerkt hat: *Il faut cultiver notre jardin.* Es ist wirklich besser, einen *jardin* geschaffen zu haben, der uns und vielen anderen Menschen Freude bringt, als sich auf den Trafalgar Square zu setzen.«[31] (Vita Sackville-West, 19. September 1961)

Anfang 1962 unternahmen die Nicolsons ihre traditionelle Winter-Kreuzfahrt. Beide, aber insbesondere Vita, waren die ganze Reise über kränklich.

»Dankbar, zu Hause zu sein. Der Obstgarten ist gedämpft malvenfarben durch die *tommasinianus* [Wildkrokus]; die *parrotia* [Eisenholz] blüht wie nie zuvor. Auch die Zaubernuß blüht immer noch und ebenso ein paar von den *specie crocuses* [Herbstkrokussen]. Ich fühle mich wirklich krank und versuche es vor Hadji zu verbergen. Je eher ich zum Arzt gehe desto besser.« (Vita Sackville-West, Tagebuch 15. Februar 1962)

Die Untersuchungen ergaben, daß sie unheilbar an Krebs erkrankt war.

[31] Es war die Zeit der Massensitzstreiks bei den Kampagnen für nukleare Abrüstung.

»Mein lieber Hadji,
ich werde aufstehen und in den Garten gehen, es ist angenehm warm. [...] Meine Handschrift ist besser geworden, meinst Du nicht auch? Ich werde heute versuchen, bis zu Deinem Lebenswerk [dem Lindengang] zu gelangen und kann einen von den schönen leichten Gartenstühlen mitnehmen. Außerdem ziehe ich Kleider an, in denen ich mich mehr als Mensch fühle. Vor allem tut es einem dabei um die schöne Zeit leid und daß man sich nicht um die Dinge kümmern kann, um die man sich kümmern möchte.

Ich schreibe nicht weiter, sondern schicke Dir all meine Liebe, von der Du weißt, daß sie Dir gehört.« (Vita Sackville-West, 2. Mai 1962)

»Es ist ein schöner Morgen. Ich stehe früh auf und mache einen Rundgang durch den Garten. V. schläft noch, und ich störe sie nicht. [...] Ursula ist bei Vita. Gegen 1 Uhr 05 bemerkt sie, daß Vita sehr schwer atmet und dann auf einmal still ist. Sie stirbt ohne Furcht oder Selbstvorwürfe um 1 Uhr 15. Ursula kommt und erzählt es mir. Ich pflücke einige ihrer Lieblingsblumen und lege sie auf das Bett.« (Harold Nicolson, Tagebuch 2. Juni 1962)

Ihrer beider Sohn Nigel schrieb:
»Seinen Schmerz über ihren Tod kann man sich vorstellen, er soll hier aber nicht ausgebreitet werden. Nichts konnte die Lücke angemessen ausfüllen, die sie hinterließ

– nicht seine vielen Freunde, nicht seine Arbeit, nicht einmal seine Familie. Er brachte es nicht über sich, die Orte noch einmal zu besuchen, an denen sie gemeinsam gewesen waren, mit der glücklichen Ausnahme von Sissinghurst selbst, wo ich versuchte, ein neues Glück im Kreise meiner wachsenden Familie für ihn zu ermöglichen. Er reiste ins Ausland – nach Griechenland, Paris, New York, Bergamo. Ein Jahr lang schrieb er noch seine Besprechungen für den *Observer*, ließ dabei keine Woche aus, nicht einmal die Woche ihres Todes, doch fand er sich damit ab, den Journalismus und sein letztes Buch *The Age of Romance* aufgeben zu müssen, als er am 25. März 1963 seinen dritten Schlaganfall hatte. Zwei Jahre später überredete ich ihn, seine Dienstwohnung in Albany aufzugeben und ganz nach Sissinghurst zu ziehen.

Sir Harold Nicolson starb am 1. Mai 1968 in Sissinghurst, ein paar Minuten nach Mitternacht. Die letzten Monate seines Lebens waren ereignislos, aber frei von seelischem oder körperlichem Leid gewesen. Es wurde schwierig, längere Unterhaltungen mit ihm zu führen, und er konnte ohne Hilfe kaum mehr laufen. Seine Zuneigung zu seiner Familie und seinen Freunden blieb jedoch ungetrübt, und er war sich dankbar der Schönheit des kommenden Frühlings bewußt. Er starb plötzlich an einem Herzanfall, als er gerade ins Bett gehen wollte. Sein Körper wurde zwei Tage später eingeäschert und die Asche auf dem Friedhof von Sissinghursts Pfarrkirche begraben.«

Die Zahl der Besucher von Sissinghurst ist bis heute (1997) steigend. Der Garten ist weltberühmt. Das Portrait dieses Gartens ist auch das Portrait der Ehe zwischen Vita Sackville-West und Harold Nicolson.

Nachweise

So nicht anders vermerkt, stammen sämtliche Zitate aus Briefen, die zwischen Vita Sackville-West und Harold Nicolson gewechselt wurden.

Briefe und Tagebuchauszüge wurden zitiert nach:

Harold Nicolson, *Diaries and Letters* 1930–1939
Harold Nicolson, *Diaries and Letters* 1939–1945
Harold Nicolson, *Diaries and Letters* 1945–1962
Edited by Nigel Nicolson. © William Collins Sons & Co. Ltd. 1966, 1967, 1968. © Nigel Nicolson

Vita and Harold. The Letters of Vita Sackville-West and Harold Nicolson 1910–1962. Edited by Nigel Nicolson. George Weidenfeld & Nicolson Ltd. 1992. © Nigel Nicolson

Nigel Nicolson, *Portrait einer Ehe.* Vita Sackville-West und Harold Nicolson. Aus dem Englischen von Peter de Mendelssohn. © 1974 by Kindler Verlag GmbH, München. © der Originalausgabe 1973 by Nigel Nicolson.

Über die Entstehung des Gartens fanden sich wertvolle Hinweise bei:

Anne Scott-James, *Sissinghurst. The Making of a Garden*. Michael Joseph Ltd. London 1975.

Die auf den Seiten 7–8, 25–30, 33–36 zitierten Rundfunksendungen von Harold Nicolson stammen aus seinem Buch *People and Thinks. Wireless Talks*, das 1931 bei Constable, London, erschienen ist. Sie wurden von Elsemarie Maletzke ins Deutsche übertragen.

Danksagung

Mein Dank gilt vor allem Nigel Nicolson, der mich nach Sissinghurst einlud, um dieses Buch mit ihm zu besprechen. Großzügig stellte er die Bibliothek seiner Eltern zur Verfügung, darüberhinaus beschenkte er mich mit zwei Tagen auf Sissinghurst und ließ mir Zeit, den Garten und das Turmzimmer seiner Mutter zu erkunden. Ihm ist dieses Buch gewidmet.

Mein Dank gilt auch Elsemarie Maletzke, die die Sissinghurst-Tage mit mir teilte und half, das umfangreiche Material zu sichten, auszuwählen und zu bewerten.

Frankfurt am Main, Januar 1997
Julia Bachstein

Öffnungszeiten: Der Garten von Sissinghurst ist von April bis 15. Oktober, Dienstag – Freitag von 13.00 bis 18.30 Uhr geöffnet. Samstag und Sonntag von 10.00 bis 17.30 Uhr. Ruhetag ist montags.

Elsemarie Maletzke
Very British!
Unterwegs in England,
Irland und Schottland
136 Seiten. Gebunden
DM/SFr 26,–/ÖS 190,–
ISBN 3-89561-540-4

Elsemarie Maletzke
Irish Times
Unterwegs in Irland
und Schottland
140 Seiten. Gebunden
DM/SFr 26,–/ÖS 190,–
ISBN 3-89561-552-8

Peter Sager
England, mein England
Britische Begegnungen
152 Seiten. Gebunden
DM/SFr 26,–/ÖS 190,–
ISBN 3-89561-548-X

John Millington Synge
In Wicklow, West Kerry & Connemara
Aus dem Englischen von Gabriele Haefs
128 Seiten. Gebunden
DM/SFr 26,–/ÖS 190,–
ISBN 3-89561-553-6

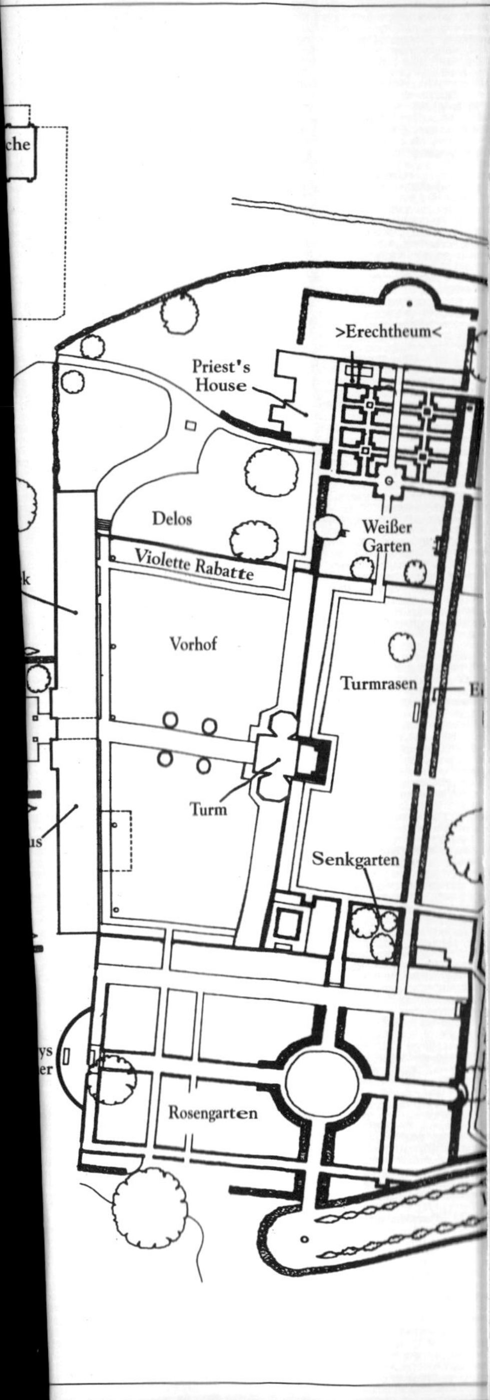

SCHÖFFLING & CO.

Virginia Woolf
Am Mittelmeer
Unterwegs in Italien, Spanien, Griechenland und der Türkei
Zusammengestellt von Julia Bachstein
Aus dem Englischen von Karin Graf
128 Seiten. Gebunden
DM/SFr 26,–/ÖS 190,–
ISBN 3-89561-541-2

Eva Demski
Das Meer hört zu mit tausend Ohren
Sappho und die Insel Lesbos
128 Seiten. Gebunden
DM/SFr 26,–/ÖS 190,–
ISBN 3-89561-543-9

Eva Demski
Venedig – Salon der Welt
Achtzehn Stücke mit Begleitung
128 Seiten. Gebunden
DM/SFr 26,–/ÖS 190,–
ISBN 3-89561-546-3

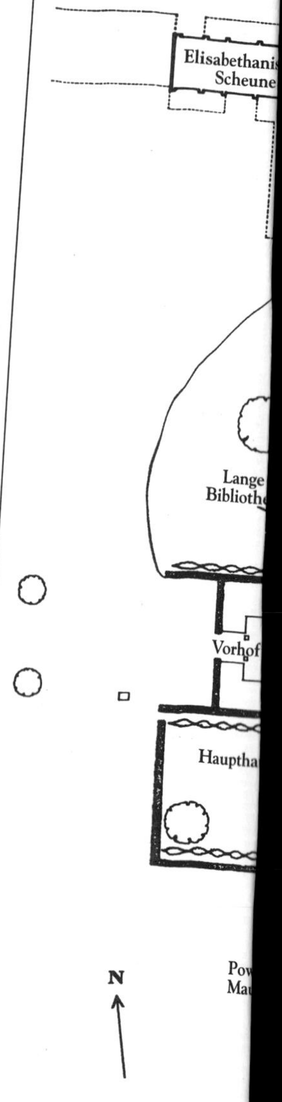
Elisabethanis
Scheune
Lange
Biblioth
Vorhof
Hauptha
Pow
Ma
N

Virginia Woolf
Am Mittelmeer
Unterwegs in Italien, Spanien, Griechenland und der Türkei
Zusammengestellt von Julia Bachstein
Aus dem Englischen von Karin Graf
128 Seiten. Gebunden
DM/SFr 26,–/ÖS 190,–
ISBN 3-89561-541-2

Eva Demski
Das Meer hört zu mit tausend Ohren
Sappho und die Insel Lesbos
128 Seiten. Gebunden
DM/SFr 26,–/ÖS 190,–
ISBN 3-89561-543-9

Eva Demski
Venedig – Salon der Welt
Achtzehn Stücke mit Begleitung
128 Seiten. Gebunden
DM/SFr 26,–/ÖS 190,–
ISBN 3-89561-546-3

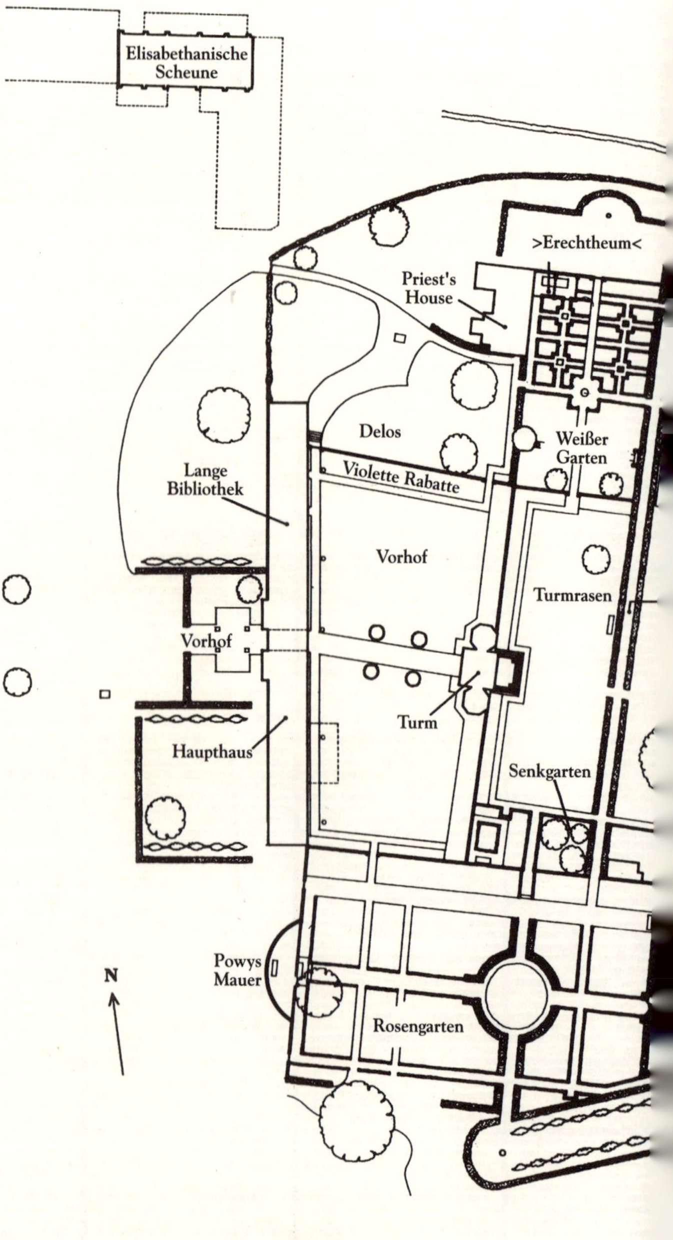
Elisabethanische Scheune
>Erechtheum<
Priest's House
Delos
Weißer Garten
Lange Bibliothek
Violette Rabatte
Vorhof
Turmrasen
Vorhof
Turm
Haupthaus
Senkgarten
Powys Mauer
Rosengarten
N

LA SOUPIÈRE